*Das 4. und 5. Geschichtsbuch
aus dem Alten Testament der Bibel*

Das 1. Buch Samuel

Samuel - von Gott erbeten

Von Samuels Geburt,
dem Verlust und Rückkehr der Lade,
Sauls Königtum, David und Goliath,
Davids Rivalität und Flucht vor Saul, Sauls Tod

*Übersetzung nach
Martin Luther 1545*

Bibliografische Information der Deutschen Nationalbibliothek:
Die Deutsche Nationalbibliothek verzeichnet diese Publikation in der
Deutschen Nationalbibliografie; detaillierte bibliografische Daten
sind im Internet über http://dnb.dnb.de abrufbar.

© 2021, Martin Luther 1545

TWENTYSIX – Der Self-Publishing-Verlag

Eine Marke der Books on Demand GmbH

Herstellung und Verlag:
BoD – Books on Demand, Norderstedt

ISBN: 978-3-740-78250-4

Übersetzung nach Martin Luther 1545

Layout, Schriftsatz, Formatierung:
Antonia Katharina Tessnow
www.antonia-katharina.de

1. Kapitel

*Hannas Gebet und Erhörung.
Samuels Geburt und Weihe
zum Dienst am Heiligtum.*

1 Es war ein Mann von Ramathaim-Zophim, vom Gebirge Ephraim, der hieß Elkana, ein Sohn Jerohams, des Sohnes Elihus, des Sohnes Thohus, des Sohnes Zuphs, ein Ephraimiter.

2 Und er hatte zwei Weiber; eine hieß Hanna, die andere Peninna. Peninna aber hatte Kinder, und Hanna hatte keine Kinder.

3 Und derselbe Mann ging jährlich hinauf von seiner Stadt, daß er anbetete und opferte dem HERRN Zebaoth zu Silo. Daselbst waren aber Priester des HERRN Hophni und Pinehas, die zwei Söhne Elis.

4 Und des Tages, da Elkana opferte, gab er seinem Weib Peninna und allen ihren Söhnen und Töchtern Stücke.

5 Aber Hanna gab er ein Stück traurig; denn er hatte Hanna lieb, aber der HERR hatte ihren Leib verschlossen.

6 Und ihre Widersacherin betrübte und reizte sie sehr, darum daß der HERR ihren Leib verschlossen hatte.

7 Also ging's alle Jahre; wenn sie hinaufzog zu des HERRN Hause, betrübte jene sie also; so

weinte sie dann und aß nichts.

8 Elkana aber, ihr Mann, sprach zu ihr: Hanna, warum weinst du, und warum issest du nichts, und warum ist dein Herz so traurig? Bin ich dir nicht besser denn zehn Söhne?

9 Da stand Hanna auf, nachdem sie gegessen hatten zu Silo und getrunken. (Eli aber, der Priester, saß auf einem Stuhl an der Pfoste des Tempels des HERRN.)

10 Und sie war von Herzen betrübt und betete zum HERRN und weinte sehr

11 und gelobte ein Gelübde und sprach: HERR Zebaoth, wirst du deiner Magd Elend ansehen und an mich gedenken und deiner Magd nicht vergessen und wirst deiner Magd einen Sohn geben, so will ich ihn dem HERRN geben sein Leben lang und soll kein Schermesser auf sein Haupt kommen.

12 Und da sie lange betete vor dem HERRN, hatte Eli acht auf ihren Mund.

13 Denn Hanna redete in ihrem Herzen; allein ihre Lippen regten sich, und ihre Stimme hörte man nicht. Da meinte Eli, sie wäre trunken,

14 und sprach zu ihr: Wie lange willst du trunken sein? Laß den Wein von dir kommen, den du bei dir hast!

15 Hanna aber antwortete und sprach: Nein, mein Herr, ich bin ein betrübtes Weib. Wein und starkes Getränk habe ich nicht getrunken, sondern habe mein Herz vor dem HERRN ausgeschüttet.

16 Du wolltest deine Magd nicht achten wie ein loses Weib; denn ich habe aus meinem großen Kummer und Traurigkeit geredet bisher.

17 Eli antwortete und sprach: Gehe hin mit Frieden; der Gott Israels wird dir geben deine Bitte, die du von ihm gebeten hast.

18 Sie sprach: Laß deine Magd Gnade finden vor deinen Augen. Also ging das Weib hin ihres Weges und aß und sah nicht mehr so traurig.

19 Und des Morgens früh machten sie sich auf; und da sie angebetet hatten vor dem HERRN, kehrten sie wieder um und kamen heim gen Rama. Und Elkana erkannte sein Weib Hanna, und der HERR gedachte an sie.

20 Und da die Tage um waren, ward Hanna schwanger und gebar einen Sohn und hieß ihn Samuel: "denn ich habe ihn von dem HERRN erbeten."

21 Und da der Mann Elkana hinaufzog mit seinem ganzen Hause, daß er dem HERRN opferte das jährliche Opfer und sein Gelübde,

22 zog Hanna nicht mit hinauf, sondern sprach zu ihrem Mann: Bis der Knabe entwöhnt werde, so will ich ihn bringen, daß er vor dem HERRN erscheine und bleibe daselbst ewiglich.

23 Elkana, ihr Mann, sprach zu ihr: So tue, wie dir's gefällt: bleib, bis du ihn entwöhnst; der HERR bestätige aber was er geredet hat. Also blieb das Weib und säugte ihren Sohn, bis daß sie ihn entwöhnte,

24 und brachte ihn mit sich hinauf, nachdem sie

ihn entwöhnt hatte, mit drei Farren, mit einem Epha Mehl und einem Krug Wein; und brachte ihn in das Haus des HERRN zu Silo. Der Knabe war aber noch jung.

25 Und sie schlachteten einen Farren und brachten den Knaben zu Eli.

26 Und sie sprach: Ach, mein Herr, so wahr deine Seele lebt, mein Herr, ich bin das Weib, das hier bei dir stand, zu dem HERRN zu beten.

27 Um diesen Knaben bat ich. Nun hat der HERR meine Bitte gegeben, die ich von ihm bat.

28 Darum gebe ich ihm dem HERRN wieder sein Leben lang, weil er vom HERRN erbeten ist. Und sie beteten daselbst den HERRN an.

2. Kapitel

Lobgesang der Hanna. Bosheit der Söhne Elis. Ankündigung des Gerichts.

1 Und Hanna betete und sprach: Mein Herz ist fröhlich in dem HERRN; mein Horn ist erhöht in dem HERRN. Mein Mund hat sich weit aufgetan über meine Feinde; denn ich freue mich deines Heils.

2 Es ist niemand heilig wie der HERR, außer dir ist keiner; und ist kein Hort, wie unser Gott ist.

3 Laßt euer großes Rühmen und Trotzen, noch gehe freches Reden aus eurem Munde; denn der HERR ist ein Gott, der es merkt, und läßt

solch Vornehmen nicht gelingen.

4 Der Bogen der Starken ist zerbrochen, und die Schwachen sind umgürtet mit Stärke.

5 Die da satt waren, sind ums Brot Knechte geworden, und die Hunger litten, hungert nicht mehr; ja die Unfruchtbare hat sieben geboren, und die viele Kinder hatte, hat abgenommen.

6 Der HERR tötet und macht lebendig, führt in die Hölle und wieder heraus.

7 Der HERR macht arm und macht reich; er erniedrigt und erhöht.

8 Er hebt auf den Dürftigen aus dem Staub und erhöht den Armen aus dem Kot, daß er ihn setze unter die Fürsten und den Stuhl der Ehre erben lasse. Denn der Welt Grundfesten sind des HERRN, und er hat den Erdboden darauf gesetzt.

9 Er wird behüten die Füße seiner Heiligen, aber die Gottlosen müssen zunichte werden in Finsternis; denn viel Vermögen hilft doch niemand.

10 Die mit dem HERRN hadern, müssen zugrunde gehen; über ihnen wird er donnern im Himmel. Der HERR wird richten der Welt Enden und wird Macht geben seinem König und erhöhen das Horn seines Gesalbten.

11 Elkana aber ging hin gen Rama in sein Haus; und der Knabe war des HERRN Diener vor dem Priester Eli.

12 Aber die Söhne Elis waren böse Buben; die fragten nicht nach dem HERRN

13 noch nach dem Recht der Priester an das

Volk. Wenn jemand etwas opfern wollte, so kam des Priesters Diener, wenn das Fleisch kochte, und hatte eine Gabel mit drei Zacken in seiner Hand

14 und stieß in den Tiegel oder Kessel oder Pfanne oder Topf; was er mit der Gabel hervorzog, das nahm der Priester davon. Also taten sie dem ganzen Israel, die dahinkamen zu Silo.

15 Desgleichen, ehe denn sie das Fett anzündeten, kam des Priesters Diener und sprach zu dem, der das Opfer brachte: Gib mir das Fleisch, dem Priester zu braten; denn er will nicht gekochtes Fleisch von dir nehmen, sondern rohes.

16 Wenn dann jemand zu ihm sagte: Laß erst das Fett anzünden und nimm darnach, was dein Herz begehrt, so sprach er zu ihm: Du sollst mir's jetzt geben; wo nicht so will ich's mit Gewalt nehmen.

17 Darum war die Sünde der jungen Männer sehr groß vor dem HERRN; denn die Leute lästerten das Opfer des HERRN.

18 Samuel aber war ein Diener vor dem HERRN; und der Knabe war umgürtet mit einem Leibrock.

19 Dazu machte ihm seine Mutter ein kleines Oberkleid und brachte es ihm hinauf zu seiner Zeit, wenn sie mit ihrem Mann hinaufging, zu opfern das jährliche Opfer.

20 Und Eli segnete Elkana und sein Weib und

sprach: Der HERR gebe dir Samen von diesem Weibe um der Bitte willen, die sie vom HERRN gebeten hat. Und sie gingen an ihren Ort.

21 Und der HERR suchte Hanna heim, daß sie schwanger ward und gebar drei Söhne und zwei Töchter. Aber Samuel, der Knabe, nahm zu bei dem HERRN.

22 Eli aber war sehr alt und erfuhr alles, was seine Söhne taten dem ganzen Israel, und daß sie schliefen bei den Weibern, die da dienten vor der Tür der Hütte des Stifts.

23 Und er sprach zu ihnen: Warum tut ihr solches? Denn ich höre euer böses Wesen von diesem ganzen Volk.

24 Nicht, meine Kinder, das ist nicht ein gutes Gerücht, das ich höre. Ihr macht des HERRN Volk übertreten.

25 Wenn jemand wider einen Menschen sündigt, so kann's der Richter schlichten. Wenn aber jemand wider den HERRN sündigt, wer kann für ihn bitten? Aber sie gehorchten ihres Vaters Stimme nicht; denn der HERR war willens, sie zu töten.

26 Aber der Knabe Samuel nahm immermehr zu und war angenehm bei dem HERRN und bei den Menschen.

27 Es kam aber ein Mann Gottes zu Eli und sprach zu ihm: So spricht der HERR: Ich habe mich offenbart deines Vaters Hause, da sie noch in Ägypten waren, in Pharaos Hause,

28 und habe ihn daselbst mir erwählt vor allen

Stämmen Israels zum Priestertum, daß er opfern sollte auf meinem Altar und Räuchwerk anzünden und den Leibrock vor mir tragen, und habe deines Vaters Hause gegeben alle Feuer der Kinder Israel.

29 Warum tretet ihr denn mit Füßen meine Schlachtopfer und Speisopfer, die ich geboten habe in der Wohnung? Und du ehrst deine Söhne mehr denn mich, daß ihr euch mästet von dem Besten aller Speisopfer meines Volkes Israel.

30 Darum spricht der HERR, der Gott Israels: Ich habe geredet, dein Haus und deines Vaters Haus sollten wandeln vor mir ewiglich. Aber nun spricht der HERR: Es sei fern von mir! sondern wer mich ehrt, den will ich auch ehren; wer aber mich verachtet, der soll wieder verachtet werden.

31 Siehe, es wird die Zeit kommen, daß ich will entzweibrechen deinen Arm und den Arm deines Vaterhauses, daß kein Alter sei in deinem Hause,

32 und daß du sehen wirst deinen Widersacher in der Wohnung bei allerlei Gutem, das Israel geschehen wird, und wird kein Alter sein in deines Vaters Hause ewiglich.

33 Doch will ich dir nicht einen jeglichen von meinem Altar ausrotten, auf daß deine Augen verschmachten und deine Seele sich gräme; und alle Menge deines Hauses sollen sterben, wenn sie Männer geworden sind.

34 Und das soll dir ein Zeichen sein, das über deine zwei Söhne, Hophni und Pinehas, kommen wird: auf einen Tag werden sie beide sterben.

35 Ich will aber einen treuen Priester erwecken, der soll tun, wie es meinem Herzen und meiner Seele gefällt; dem will ich ein beständiges Haus bauen, daß er vor meinem Gesalbten wandle immerdar.

36 Und wer übrig ist von deinem Hause, der wird kommen und vor jenem niederfallen um einen silbernen Pfennig und ein Stück Brot und wird sagen: Laß mich doch zu einem Priesterteil, daß ich einen Bissen Brot esse.

3. Kapitel

Samuel empfängt die erste Offenbarung und wird als treuer Prophet des Herrn erkannt.

1 Und da Samuel, der Knabe, dem HERRN diente unter Eli, war des HERRN Wort teuer zu derselben Zeit, und war wenig Weissagung.

2 Und es begab sich, zur selben Zeit lag Eli an seinem Ort, und seine Augen fingen an, dunkel zu werden, daß er nicht sehen konnte.

3 Und Samuel hatte sich gelegt im Tempel des HERRN, da die Lade Gottes war, und die Lampe Gottes war noch nicht verloschen.

4 Und der HERR rief Samuel. Er aber antwortete: Siehe, hier bin ich!

5 und lief zu Eli und sprach: Siehe, hier bin ich! du hast mich gerufen. Er aber sprach: Ich habe dich nicht gerufen; gehe wieder hin und lege dich schlafen. Und er ging hin und legte sich schlafen.

6 Der HERR rief abermals: Samuel! Und Samuel stand auf und ging zu Eli und sprach: Siehe, hier bin ich! du hast mich gerufen. Er aber sprach: Ich habe nicht gerufen, mein Sohn; gehe wieder hin und lege dich schlafen.

7 Aber Samuel kannte den HERRN noch nicht, und des HERRN Wort war ihm noch nicht offenbart.

8 Und der HERR rief Samuel wieder, zum drittenmal. Und er stand auf und ging zu Eli und sprach: Siehe, hier bin ich! du hast mich gerufen. Da merkte Eli, daß der HERR den Knaben rief,

9 und sprach zu ihm: Gehe wieder hin und lege dich schlafen; und so du gerufen wirst, so sprich: Rede, HERR, denn dein Knecht hört. Samuel ging hin und legte sich an seinen Ort.

10 Da kam der HERR und trat dahin und rief wie vormals: Samuel, Samuel! Und Samuel sprach: Rede, denn dein Knecht hört.

11 Und der HERR sprach zu Samuel: Siehe, ich tue ein Ding in Israel, daß, wer das hören wird, dem werden seine beiden Ohren gellen.

12 An dem Tage will ich erwecken über Eli, was ich wider sein Haus geredet habe; ich will's anfangen und vollenden.

13 Denn ich habe es ihm angesagt, daß ich

Richter sein will über sein Haus ewiglich um der Missetat willen, daß er wußte, wie seine Kinder sich schändlich hielten, und hat ihnen nicht gewehrt.

14 Darum habe ich dem Hause Eli geschworen, daß die Missetat des Hauses Eli solle nicht versöhnt werden weder mit Schlachtopfer noch mit Speisopfer ewiglich.

15 Und Samuel lag bis an den Morgen und tat die Türen auf am Hause des HERRN. Samuel aber fürchtete sich, das Gesicht Eli anzusagen.

16 Da rief ihn Eli und sprach: Samuel, mein Sohn! Er antwortete: Siehe, hier bin ich!

17 Er sprach: Was ist das Wort, das dir gesagt ist? Verschweige mir nichts. Gott tue dir dies und das, wo du mir etwas verschweigst, das dir gesagt ist.

18 Da sagte es Samuel alles an und verschwieg ihm nichts. Er aber sprach: Es ist der HERR; er tue, was ihm wohl gefällt.

19 Samuel aber nahm zu, und der HERR war mit ihm, und fiel keines unter allen seinen Worten auf die Erde.

20 Und ganz Israel von Dan an bis gen Beer-Seba erkannte, daß Samuel ein treuer Prophet des HERRN war.

21 Und der HERR erschien hinfort zu Silo; denn der HERR war durch Samuel offenbart worden zu Silo durchs Wort des HERRN. Und Samuel fing an zu predigen dem ganzen Israel.

4. Kapitel

*Israels Niederlage durch die Philister.
Entführung der Bundeslade.
Tod Elis und seiner Söhne.*

1 Israel aber zog aus, den Philistern entgegen, in den Streit, und lagerten sich bei Eben-Ezer. Die Philister aber hatten sich gelagert zu Aphek

2 und stellten sich gegen Israel. Und der Streit teilte sich weit, und Israel ward vor den Philistern geschlagen; und sie schlugen in der Ordnung im Felde bei viertausend Mann.

3 Und da das Volk ins Lager kam, sprachen die Ältesten Israels: Warum hat uns der HERR heute schlagen lassen vor den Philistern? Laßt uns zu uns nehmen die Lade des Bundes des HERRN von Silo und laßt sie unter uns kommen, daß sie uns helfe von der Hand unsrer Feinde.

4 Und das Volk sandte gen Silo und ließ von da holen die Lade des Bundes des HERRN Zebaoth, der über den Cherubim sitzt. Und es waren da die zwei Söhne Elis mit der Lade des Bundes Gottes, Hophni und Pinehas.

5 Und da die Lade des Bundes des HERRN ins Lager kam, jauchzte das ganze Israel mit großem Jauchzen, daß die Erde erschallte.

6 Da aber die Philister hörten das Geschrei solches Jauchzens, sprachen sie: Was ist das Geschrei solches großen Jauchzens in der Hebräer Lager? Und da sie erfuhren, daß die

Lade des HERRN ins Lager gekommen wäre,

7 fürchteten sie sich und sprachen: Gott ist ins Lager gekommen; und sprachen weiter: Wehe uns! denn es ist zuvor nicht also gestanden.

8 Wehe uns! Wer will uns erretten von der Hand dieser mächtigen Götter, die Ägypten schlugen mit allerlei Plage in der Wüste.

9 So seid nun getrost ihr Männer, ihr Philister, daß ihr nicht dienen müßt den Hebräern, wie sie euch gedient haben! Seid Männer und streitet!

10 Da stritten die Philister, und Israel ward geschlagen, und ein jeglicher floh in seine Hütte; und es war eine sehr große Schlacht, daß aus Israel fielen dreißigtausend Mann Fußvolk.

11 Und die Lade Gottes ward genommen, und die zwei Söhne Elis, Hophni und Pinehas, starben.

12 Da lief einer von Benjamin aus dem Heer und kam gen Silo desselben Tages und hatte seine Kleider zerrissen und hatte Erde auf sein Haupt gestreut.

13 Und siehe, als er hineinkam, saß Eli auf dem Stuhl, daß er den Weg sähe; denn sein Herz war zaghaft über die Lade Gottes. Und da der Mann in die Stadt kam, sagte er's an, und die ganze Stadt schrie.

14 Und da Eli das laute Schreien hörte, fragte er: Was ist das für ein lautes Getümmel? Da kam der Mann eilend und sagte es Eli an.

15 Eli aber war achtundneunzig Jahre alt, und seine Augen waren dunkel, daß er nicht sehen

konnte.

16 Der Mann aber sprach zu Eli: Ich komme und bin heute aus dem Heer geflohen. Er aber sprach: Wie geht es zu, mein Sohn?

17 Da antwortete der Verkündiger und sprach: Israel ist geflohen vor den Philistern, und ist eine große Schlacht im Volk geschehen, und deine zwei Söhne, Hophni und Pinehas, sind gestorben; dazu die Lade Gottes ist genommen.

18 Da er aber der Lade Gottes gedachte, fiel er zurück vom Stuhl am Tor und brach seinen Hals entzwei und starb; denn er war alt und ein schwerer Mann. Er richtete aber Israel vierzig Jahre.

19 Seine Schwiegertochter aber, des Pinehas Weib, war schwanger und sollte gebären. Da sie das Gerücht hörte, daß die Lade Gottes genommen und ihr Schwiegervater und ihr Mann tot war, krümmte sie sich und gebar; denn es kam sie ihre Wehe an.

20 Und da sie jetzt starb, sprachen die Weiber, die neben ihr standen: Fürchte dich nicht, du hast einen jungen Sohn. Aber sie antwortete nicht und nahm's auch nicht zu Herzen.

21 Und sie hieß den Knaben Ikabod und sprach: Die Herrlichkeit ist dahin von Israel! weil die Lade Gottes genommen war, und wegen ihres Schwiegervaters und ihres Mannes.

22 Und sprach abermals: Die Herrlichkeit ist dahin von Israel; denn die Lade Gottes ist genommen.

Das 1. Buch Samuel

5. Kapitel

*Die Bundeslade im Tempel Dagons.
Plage der Philister.*

1 Die Philister aber nahmen die Lade Gottes und brachten sie von Eben-Ezer gen Asdod

2 in das Haus Dagons und stellten sie neben Dagon.

3 Und da die von Asdod des andern Morgens früh aufstanden, fanden sie Dagon auf seinem Antlitz liegen auf der Erde vor der Lade des HERRN. Aber sie nahmen den Dagon und setzten ihn wieder an seinen Ort.

4 Da sie aber des andern Morgens früh aufstanden, fanden sie Dagon abermals auf seinem Antlitz liegen auf der Erde vor der Lade des HERRN, aber sein Haupt und seine beiden Hände waren abgehauen auf der Schwelle, daß der Rumpf allein dalag.

5 Darum treten die Priester Dagons und alle, die in Dagons Haus gehen, nicht auf die Schwelle Dagons zu Asdod bis auf diesen Tag.

6 Aber die Hand des HERRN war schwer über die von Asdod und verderbte sie und schlug sie mit bösen Beulen, Asdod und sein Gebiet.

7 Da aber die Leute zu Asdod sahen, daß es so zuging, sprachen sie: Laßt die Lade des Gottes Israels nicht bei uns bleiben; denn seine Hand ist zu hart über uns und unserm Gott Dagon.

8 Und sie sandten hin und versammelten alle

Fürsten der Philister zu sich und sprachen: Was sollen wir mit der Lade des Gottes Israels machen? Da antworteten sie: Laßt die Lade des Gottes Israels nach Gath tragen. Und sie trugen die Lade des Gottes Israels dahin.

9 Da sie aber dieselbe dahin getragen hatten, ward durch die Hand des HERRN in der Stadt ein sehr großer Schrecken, und er schlug die Leute in der Stadt, beide, klein und groß, also daß an ihnen Beulen ausbrachen.

10 Da sandten sie die Lade des HERRN gen Ekron. Da aber die Lade Gottes gen Ekron kam, schrieen die von Ekron: Sie haben die Lade Gottes hergetragen zu mir, daß sie mich töte und mein Volk.

11 Da sandten sie hin und versammelten alle Fürsten der Philister und sprachen: Sendet die Lade des Gottes Israels wieder an ihren Ort, daß sie mich und mein Volk nicht töte. Denn die Hand Gottes machte einen sehr großen Schrecken mit Würgen in der ganzen Stadt.

12 Und welche Leute nicht starben, die wurden geschlagen mit Beulen, daß das Geschrei der Stadt auf gen Himmel ging.

Das 1. Buch Samuel

6. Kapitel

*Die Bundeslade
kommt mit Weihegeschenken wieder zurück.*

1 Also war die Lade des HERRN sieben Monate im Lande der Philister.

2 Und die Philister riefen ihre Priester und Weissager und sprachen: Was sollen wir mit der Lade des HERRN machen? Lehrt uns, womit sollen wir sie an ihren Ort senden?

3 Sie sprachen: Wollt ihr die Lade des Gottes Israels senden, so sendet sie nicht leer, sondern sollt ihm vergelten ein Schuldopfer; so werdet ihr gesund werden und wird euch kund werden, warum seine Hand nicht von euch läßt.

4 Sie aber sprachen: Welches ist das Schuldopfer, das wir ihm geben sollen? Sie antworteten: Fünf goldene Beulen und fünf goldene Mäuse nach der Zahl der fünf Fürsten der Philister; denn es ist einerlei Plage gewesen über euch alle und über eure Fürsten.

5 So müßt ihr nun machen Bilder eurer Beulen und eurer Mäuse, die euer Land verderbt haben, daß ihr dem Gott Israels die Ehre gebt; vielleicht wird seine Hand leichter werden über euch und über euren Gott und über euer Land.

6 Warum verstockt ihr euer Herz, wie die Ägypter und Pharao ihr Herz verstockten? Ist's nicht also: da er seine Macht an ihnen bewies, ließen sie sie fahren, daß sie hingingen?

7 So nehmet nun und machet einen neuen Wagen und zwei junge, säugende Kühe, auf die noch nie ein Joch gekommen ist, und spannt sie an den Wagen und laßt ihre Kälber hinter ihnen daheim bleiben.

8 Und nehmet die Lade des HERRN und legt sie auf den Wagen; und die goldenen Kleinode, die ihr ihm zum Schuldopfer gebet, tut in ein Kästlein neben ihre Seite. Und sendet sie hin und laßt sie gehen.

9 Und sehet zu: geht sie hin auf dem Weg ihrer Grenze gen Beth-Semes, so hat er uns all das große Übel getan; wo nicht, so werden wir wissen, daß seine Hand uns nicht gerührt hat, sondern es ist uns ungefähr widerfahren.

10 Die Leute taten also und nahmen zwei junge, säugende Kühe und spannten sie an den Wagen und behielten ihre Kälber daheim

11 und legten die Lade des HERR auf den Wagen und das Kästlein mit den goldenen Mäusen und mit den Bildern ihrer Beulen.

12 Und die Kühe gingen geradewegs auf Beth-Semes zu auf einer Straße und gingen und blökten und wichen nicht weder zur Rechten noch zur Linken; und die Fürsten der Philister gingen ihnen nach bis an die Grenze von Beth-Semes.

13 Die Beth-Semiter aber schnitten eben in der Weizenernte im Grund, und hoben ihre Augen auf und sahen die Lade und freuten sich, sie zu sehen.

14 Der Wagen aber kam auf den Acker Josuas, des Beth-Semiters, und stand daselbst still. Und war ein großer Stein daselbst. Und sie spalteten das Holz vom Wagen und opferten die Kühe dem HERRN zum Brandopfer.

15 Die Leviten aber hoben die Lade des HERRN herab und das Kästlein, das obendran war, darin die goldenen Kleinode waren, und setzten sie auf den großen Stein. Aber die Leute zu Beth-Semes opferten dem HERRN desselben Tages Brandopfer und andere Opfer.

16 Da aber die fünf Fürsten der Philister zugesehen hatten, zogen sie wiederum gen Ekron desselben Tages.

17 Dies sind aber die goldenen Beulen, die die Philister dem HERRN zum Schuldopfer gaben: Sadod eine, Gaza eine, Askalon eine, Gath eine und Ekron eine;

18 und die goldenen Mäuse nach der Zahl aller Städte der Philister unter den fünf Fürsten, der gemauerten Städte und der Dörfer. Und Zeuge ist der große Stein, darauf sie die Lade des HERRN ließen, bis auf diesen Tag auf dem Acker Josuas, des Beth-Semiters.

19 Und etliche zu Beth-Semes wurden geschlagen, darum daß sie die Lade des HERRN angesehen hatten. Und er schlug des Volks siebzig Mann (fünfzigtausendund siebzig). Da trug das Volk Leid, daß der HERR so eine große Schlacht im Volk getan hatte.

20 Und die Leute zu Beth-Semes sprachen: Wer

kann stehen vor dem HERRN, solchem heiligen Gott? Und zu wem soll er von uns ziehen?

21 Und sie sandten Boten zu den Bürgern Kirjath-Jearims und ließen ihnen sagen: Die Philister haben uns die Lade des HERRN wiedergebracht; kommt herab und holt sie zu euch hinauf.

7. Kapitel

Israels Buße und Sieg über die Philister;
Eben-Ezer. Samuels Richteramt.

1 Also kamen die Leute von Kirjath-Jearim und holten die Lade des HERRN hinauf und brachten sie ins Haus Abinadabs auf dem Hügel; und seinen Sohn Eleasar heiligten sie, daß er die Lade des HERRN hütete.

2 Und von dem Tage an, da die Lade des HERRN zu Kirjath-Jearim blieb, verzog sich die Zeit so lange, bis es zwanzig Jahre wurden; und das ganze Haus Israel weinte vor dem HERRN.

3 Samuel aber sprach zum ganzen Hause Israel: So ihr euch mit ganzem Herzen bekehrt zu dem HERRN, so tut von euch die fremden Götter und die Astharoth und richtet euer Herz zu dem HERRN und dienet ihm allein, so wird er euch erretten aus der Philister Hand.

4 Da taten die Kinder Israel von sich die Baalim und die Astharoth und dienten dem HERRN

allein.

5 Samuel aber sprach: Versammelt das ganze Israel gen Mizpa, daß ich für euch bitte zum HERRN.

6 Und sie kamen zusammen gen Mizpa und schöpften Wasser und gossen's aus vor dem HERRN und fasteten denselben Tag und sprachen daselbst: Wir haben an dem HERRN gesündigt. Also richtete Samuel die Kinder Israel zu Mizpa.

7 Da aber die Philister hörten, daß die Kinder Israel zusammengekommen waren gen Mizpa, zogen die Fürsten der Philister hinauf wider Israel. Da das die Kinder Israel hörten, fürchteten sie sich vor den Philistern

8 und sprachen zu Samuel: Laß nicht ab, für uns zu schreien zu dem HERRN, unserm Gott, daß er uns helfe aus der Philister Hand.

9 Samuel nahm ein Milchlämmlein und opferte dem HERRN ein ganzes Brandopfer und schrie zum HERRN für Israel; und der HERR erhörte ihn.

10 Und indem Samuel das Brandopfer opferte, kamen die Philister herzu, zu streiten wider Israel. Aber der HERR ließ donnern einen großen Donner über die Philister desselben Tages und schreckte sie, daß sie vor Israel geschlagen wurden.

11 Da zogen die Männer Israels aus von Mizpa und jagten die Philister und schlugen sie bis unter Beht-Kar.

12 Da nahm Samuel einen Stein und setzte ihn

zwischen Mizpa und Sen und hieß ihn Eben-Ezer und sprach: Bis hierher hat uns der HERR geholfen.

13 Also wurden die Philister gedämpft und kamen nicht mehr in die Grenze Israels; und die Hand des HERRN war wider die Philister, solange Samuel lebte.

14 Also wurden Israel die Städte wieder, die die Philister ihnen genommen hatten, von Ekron an bis gen Gath, samt ihrem Gebiet; die errettete Israel von der Hand der Philister. Und Israel hatte Frieden mit den Amoritern.

15 Samuel aber richtete Israel sein Leben lang

16 und zog jährlich umher zu Beth-El und Gilgal und Mizpa. Und wenn er Israel an allen diesen Orten gerichtet hatte,

17 kam er wieder gen Rama (denn da war sein Haus) und richtete Israel daselbst und baute dem HERRN daselbst einen Altar.

8. Kapitel

Israel begehrt einen König.
Samuel verkündigt des Königs Recht.

1 Da aber Samuel alt ward, setzte er seine Söhne zu Richtern über Israel.

2 Sein erstgeborener Sohn hieß Joel und der andere Abia, und sie waren Richter zu Beer-Seba.

3 Aber seine Söhne wandelten nicht in seinem Wege, sondern neigten sich zum Geiz und nahmen Geschenke und beugten das Recht.

4 Da versammelten sich alle Ältesten in Israel und kamen gen Rama zu Samuel

5 und sprachen zu ihm: Siehe, du bist alt geworden, und deine Söhne wandeln nicht in deinen Wegen; so setze nun einen König über uns, der uns richte, wie alle Heiden haben.

6 Das gefiel Samuel übel, daß sie sagten: Gib uns einen König, der uns richte. Und Samuel betete vor dem HERRN.

7 Der HERR aber sprach zu Samuel: Gehorche der Stimme des Volks in allem, was sie zu dir gesagt haben; denn sie haben nicht dich, sondern mich verworfen, daß ich nicht soll König über sie sein.

8 Sie tun dir, wie sie immer getan haben von dem Tage an, da ich sie aus Ägypten führte, bis auf diesen Tag, und sie mich verlassen und andern Göttern gedient haben.

9 So gehorche nun ihrer Stimme. Doch bezeuge ihnen und verkündige ihnen das Recht des Königs, der über sie herrschen wird.

10 Und Samuel sagte alle Worte des HERRN dem Volk, das von ihm einen König forderte,

11 und sprach: Das wird des Königs Recht sein, der über euch herrschen wird: Eure Söhne wird er nehmen zu seinem Wagen und zu Reitern, und daß sie vor seinem Wagen her laufen,

12 und zu Hauptleuten über tausend und über

fünfzig und zu Ackerleuten, die ihm seinen Acker bauen, und zu Schnittern in seiner Ernte, und daß sie seine Kriegswaffen und was zu seinen Wagen gehört, machen.

13 Eure Töchter aber wird er nehmen, daß sie Salbenbereiterinnen, Köchinnen und Bäckerinnen seien.

14 Eure besten Äcker und Weinberge und Ölgärten wird er nehmen und seinen Knechten geben.

15 Dazu von eurer Saat und euren Weinbergen wird er den Zehnten nehmen und seinen Kämmerern und Knechten geben.

16 Und eure Knechte und Mägde und eure schönsten Jünglinge und eure Esel wird er nehmen und seine Geschäfte damit ausrichten.

17 Von euren Herden wird er den Zehnten nehmen, und ihr müßt seine Knechte sein.

18 Wenn ihr dann schreien werdet zu der Zeit über euren König, den ihr euch erwählt habt, so wird der HERR zu derselben Zeit euch nicht erhören.

19 Aber das Volk weigerte sich, zu gehorchen der Stimme Samuels, und sprachen: Mitnichten, sondern es soll ein König über uns sein,

20 daß wir auch seien wie alle Heiden, daß uns unser König richte und vor uns her ausziehe und unsere Kriege führe.

21 Und da Samuel alle Worte des Volks gehört hatte, sagte er sie vor den Ohren des HERRN.

22 Der HERR aber sprach zu Samuel: Gehorche

ihrer Stimme und mache ihnen einen König. Und Samuel sprach zu den Männern Israels: Geht hin, ein jeglicher in seine Stadt.

9. Kapitel

Saul kommt zu Samuel.

1 Es war aber ein Mann von Benjamin mit Namen Kis, ein Sohn Abiels, des Sohnes Zerors, des Sohnes Bechoraths, des Sohnes Aphiahs, des Sohnes eines Benjaminiters, ein wohlhabender Mann.

2 Der hatte einen Sohn mit Namen Saul; der war ein junger, schöner Mann, und war kein schönerer unter den Kindern Israel, eines Hauptes länger denn alles Volk.

3 Es hatte aber Kis, der Vater Sauls, seine Eselinnen verloren; und er sprach zu seinem Sohn Saul: Nimm der Knechte einen mit dir, mache dich auf, gehe hin und suche die Eselinnen.

4 Und sie gingen durch das Gebirge Ephraim und durch das Land Salisa, und fanden sie nicht; sie gingen durch das Land Saalim, und sie waren nicht da; sie gingen durch das Land Benjamin, und fanden sie nicht.

5 Da sie aber kamen in das Land Zuph, sprach Saul zu dem Knecht, der mit ihm war: Komm, laß uns wieder heimgehen; mein Vater möchte von den Eselinnen lassen und um uns sorgen.

6 Er aber sprach: Siehe, es ist ein berühmter Mann Gottes in dieser Stadt; alles, was er sagt, das geschieht. Nun laß uns dahin gehen; vielleicht sagt er uns unsern Weg, den wir gehen.

7 Saul aber sprach zu seinem Knechte: Wenn wir schon hingehen, was bringen wir dem Mann? Denn das Brot ist dahin aus unserm Sack; so haben wir sonst keine Gabe, die wir dem Mann Gottes bringen. Was haben wir?

8 Der Knecht antwortete Saul wieder und sprach: Siehe, ich habe ein viertel eines Silberlings bei mir; das wollen wir dem Mann Gottes geben, daß er uns unsern Weg sage.

9 (Vorzeiten in Israel, wenn man ging, Gott zu fragen, sprach man: Kommt, laßt uns gehen zu dem Seher! Denn die man jetzt Propheten heißt, die hieß man vorzeiten Seher.)

10 Saul sprach zu seinem Knecht: Du hast wohl geredet; komm laß uns gehen! Und da sie hingingen zu der Stadt, da der Mann Gottes war,

11 und zur Stadt hinaufstiegen, fanden sie Dirnen, die herausgingen, Wasser zu schöpfen. Zu denselben sprachen sie: Ist der Seher hier?

12 Sie antworteten ihnen und sprachen: Ja, siehe, da ist er; eile, denn er ist heute in die Stadt gekommen, weil das Volk heute zu opfern hat auf der Höhe.

13 Wenn ihr in die Stadt kommt, so werdet ihr ihn finden, ehe denn er hinaufgeht auf die Höhe, zu essen. Denn das Volk wird nicht essen, bis er

komme, sintemal er segnet das Opfer; darnach essen die, so geladen sind. Darum geht hinauf, denn jetzt werdet ihr ihn eben antreffen.

14 Und da sie hinauf zur Stadt kamen und in die Stadt eintraten, siehe, da ging Samuel heraus, ihnen entgegen, und wollte auf die Höhe gehen.

15 Aber der HERR hatte Samuels Ohren offenbart einen Tag zuvor, ehe denn Saul kam, und gesagt:

16 Morgen um diese Zeit will ich einen Mann zu dir senden aus dem Lande Benjamin; den sollst du zum Fürsten salben über mein Volk Israel, daß er mein Volk erlöse von der Philister Hand. Denn ich habe mein Volk angesehen, und sein Geschrei ist vor mich gekommen.

17 Da nun Samuel Saul ansah, antwortete ihm der HERR: Siehe, das ist der Mann, von dem ich dir gesagt habe, daß er über mein Volk herrsche.

18 Da trat Saul zu Samuel unter dem Tor und sprach: Sage mir, wo ist hier des Sehers Haus?

19 Samuel antwortete Saul wieder und sprach: Ich bin der Seher. Gehe vor mir hinauf auf die Höhe, denn ihr sollt heute mit mir essen; morgen will ich dich lassen gehen, und alles, was in deinem Herzen ist, will ich dir sagen.

20 Und um die Eselinnen, die du vor drei Tagen verloren hast, bekümmere dich jetzt nicht: sie sind gefunden. Und wes wird sein alles, was das Beste ist in Israel? Wird's nicht dein und deines Vaters ganzen Hauses sein?

21 Saul antwortete: Bin ich nicht ein Benjamiter und von einem der geringsten Stämme Israels, und mein Geschlecht das kleinste unter allen Geschlechtern der Stämme Benjamin? Warum sagst du denn mir solches?

22 Samuel aber nahm Saul und seinen Knecht und führte sie in den Speisesaal und setzte sie obenan unter die, so geladen waren; der waren bei dreißig Mann.

23 Und Samuel sprach zu dem Koch: Gib her das Stück, das ich dir gab und befahl, du solltest es bei dir behalten.

24 Da trug der Koch eine Schulter auf und was daranhing. Und er legte es Saul vor und sprach: Siehe, das ist übrig; lege vor dich und iß; denn es ist für dich aufbehalten eben auf diese Zeit, da ich das Volk lud. Also aß Saul mit Samuel des Tages.

25 Und da sie hinabgegangen waren von der Höhe zur Stadt, redete er mit Saul auf dem Dache.

26 Und sie standen früh auf; und da die Morgenröte aufging, rief Samuel dem Saul auf dem Dach und sprach: Auf! daß ich dich gehen lasse. Und Saul machte sich auf, und die beiden gingen miteinander hinaus, er und Samuel.

27 Und da sie kamen hinab an der Stadt Ende, sprach Samuel zu Saul: Sage dem Knecht, daß er uns vorangehe (und er ging voran); du aber stehe jetzt still, daß ich dir kundtue, was Gott gesagt hat.

10. Kapitel

*Saul von Samuel zum König gesalbt
und vorgestellt.*

1 Da nahm Samuel ein Ölglas und goß auf sein Haupt und küßte ihn und sprach: Siehst du, daß dich der HERR zum Fürsten über sein Erbteil gesalbt hat?
2 Wenn du jetzt von mir gehst, so wirst du zwei Männer finden bei dem Grabe Rahels, in der Grenze Benjamins, zu Zelzah; die werden dir sagen: Die Eselinnen sind gefunden, die du zu suchen bist gegangen; und siehe, dein Vater hat die Esel aus der Acht gelassen und sorgt um euch und spricht: Was soll ich um meinen Sohn tun?
3 Und wenn du dich von da weiter wendest, so wirst du kommen zu der Eiche Thabor; daselbst werden dich antreffen drei Männer, die hinaufgehen zu Gott gen Beth-El. Einer trägt drei Böcklein, der andere drei Laibe Brot, der dritte einen Krug mit Wein.
4 Und sie werden dich freundlich grüßen und dir zwei Brote geben. Die sollst du von ihren Händen nehmen.
5 Darnach wirst du kommen zu dem Hügel Gottes, da der Philister Schildwacht ist; und wenn du daselbst in die Stadt kommst, wird dir begegnen ein Haufe Propheten, von der Hütte herabkommen, und vor ihnen her Psalter und

Pauke und Flöte und Harfe, und sie werden weissagen.

6 Und der Geist des HERRN wird über dich geraten, daß du mit ihnen weissagst; da wirst du ein anderer Mann werden.

7 Wenn dir nun diese Zeichen kommen, so tue, was dir unter die Hand kommt; denn Gott ist mit dir.

8 Du sollst aber vor mir hinabgehen gen Gilgal; siehe, da will ich zu dir hinabkommen, zu opfern Brandopfer und Dankopfer. Sieben Tage sollst du harren, bis ich zu dir komme und dir kundtue, was du tun sollst.

9 Und da er seine Schultern wandte, daß er von Samuel ginge, gab Gott ihm ein anderes Herz, und alle diese Zeichen kamen auf denselben Tag.

10 Und da sie kamen an den Hügel, siehe, da kam ihm ein Prophetenhaufe entgegen; und der Geist Gottes geriet über ihn, daß er unter ihnen weissagte.

11 Da ihn aber sahen alle, die ihn vormals gekannt hatten, daß er mit den Propheten weissagte, sprachen sie alle untereinander: Was ist dem Sohn des Kis geschehen? Ist Saul auch unter den Propheten?

12 Und einer daselbst antwortete und sprach: Wer ist ihr Vater? Daher ist das Sprichwort gekommen: Ist Saul auch unter den Propheten?

13 Und da er ausgeweisagt hatte, kam er auf die Höhe.

14 Es sprach aber Sauls Vetter zu ihm und zu seinem Knecht: Wo seid ihr hingegangen? Sie antworteten: Die Eselinnen zu suchen; und da wir sahen, daß sie nicht da waren kamen wir zu Samuel.

15 Da sprach der Vetter Sauls: Sage mir, was sagte euch Samuel?

16 Saul antwortete seinem Vetter: Er sagte uns, daß die Eselinnen gefunden wären. Aber von dem Königreich sagte er ihm nicht, was Samuel gesagt hatte.

17 Samuel aber berief das Volk zum HERRN gen Mizpa

18 und sprach zu den Kinder Israel: So sagt der HERR, der Gott Israels: Ich habe Israel aus Ägypten geführt und euch von der Ägypter Hand errettet und von der Hand aller Königreiche, die euch zwangen.

19 Und ihr habt euren Gott verworfen, der euch aus all eurem Unglück und Trübsal geholfen hat, und sprecht zu ihm: Setze einen König über uns. Wohlan! so tretet nun vor den HERRN nach euren Stämmen und Freundschaften.

20 Da nun Samuel alle Stämme Israels herzubrachte, ward getroffen der Stamm Benjamin.

21 Und da er den Stamm Benjamin herzubrachte mit seinen Geschlechtern, ward getroffen das Geschlecht Matris, und ward getroffen Saul, der Sohn des Kis. Und sie suchten ihn; aber sie fanden ihn nicht.

22 Da fragten sie weiter den HERRN: Wird er auch noch kommen? Der HERR antwortete: Siehe, er hat sich bei dem Geräte versteckt.

23 Da liefen sie hin und holten ihn von dort. Und da er unter das Volk trat, war er eines Hauptes länger denn alles Volk.

24 Und Samuel sprach zu allem Volk: Da seht ihr, welchen der HERR erwählt hat; denn ihm ist keiner gleich in allem Volk. Da jauchzte das Volk und sprach: Glück zu dem König!

25 Samuel aber sagte dem Volk alle Rechte des Königreiches und schrieb es in ein Buch und legte es vor den HERRN. Und Samuel ließ alles Volk gehen, einen jeglichen in sein Haus.

26 Und Saul ging auch heim gen Gibea, und ging mit ihm des Heeres ein Teil, welcher Herz Gott rührte.

27 Aber etliche lose Leute sprachen: Was sollte uns dieser helfen? und verachteten ihn und brachten ihm kein Geschenk. Er aber tat, als hörte er's nicht.

11. Kapitel

Sauls erster Sieg über die Ammoniter;
Großmut über seine Verächter.
Dankopfer in Gilgal.

1 Es zog aber herauf Nahas, der Ammoniter, und belagerte Jabes in Gilead. Und alle Männer

zu Jabes sprachen zu Nahas: Mache einen Bund mit uns, so wollen wir dir dienen.

2 Aber Nahas, der Ammoniter, antwortete ihnen: Darin will ich einen Bund mit euch machen, daß ich euch das rechte Auge aussteche und bringe damit Schmach über ganz Israel.

3 Da sprachen zu ihm die Ältesten zu Jabes: Gib uns sieben Tage, daß wir Boten senden in alles Gebiet Israels; ist dann niemand, der uns rette, so wollen wir zu dir hinausgehen.

4 Da kamen die Boten gen Gibea Sauls und redeten solches vor den Ohren des Volks. Da hob alles Volk seine Stimme auf und weinte.

5 Und siehe, da kam Saul vom Felde hinter den Rindern her und sprach: Was ist dem Volk, daß es weint? Da erzählten sie ihm die Sache der Männer von Jabes.

6 Da geriet der Geist Gottes über ihn, als er solche Worte hörte, und sein Zorn ergrimmte sehr,

7 und er nahm ein paar Ochsen und zerstückte sie und sandte in alles Gebiet Israels durch die Boten und ließ sagen: Wer nicht auszieht, Saul und Samuel nach, des Rinder soll man also tun. Da fiel die Furcht des HERRN auf das Volk, daß sie auszogen wie ein Mann.

8 Und er musterte sie zu Besek; und der Kinder Israel waren dreihundert mal tausend Mann und der Kinder Juda dreißigtausend.

9 Und sie sagten den Boten, die gekommen

waren: Also sagt den Männern zu Jabes in Gilead: Morgen soll euch Hilfe geschehen, wenn die Sonne beginnt heiß zu scheinen. Da die Boten kamen und verkündigten das den Männern zu Jabes, wurden sie froh.

10 Und die Männer von Jabes sprachen: Morgen wollen wir zu euch hinausgehen, daß ihr uns tut alles, was euch gefällt.

11 Und des andern Morgens stellte Saul das Volk in drei Haufen, und sie kamen ins Lager um die Morgenwache und schlugen die Ammoniter, bis der Tag heiß ward; welche aber übrigblieben, wurden also zerstreut, daß ihrer nicht zwei beieinander blieben.

12 Da sprach das Volk zu Samuel: Wer sind die, die da sagten: Sollte Saul über uns herrschen? Gebt sie her, die Männer, daß wir sie töten.

13 Saul aber sprach: Es soll auf diesen Tag niemand sterben; denn der HERR hat heute sein Heil gegeben in Israel.

14 Samuel sprach zum Volk: Kommt, laßt uns gen Gilgal gehen und das Königreich daselbst erneuen.

15 Da ging alles Volk gen Gilgal und machten daselbst Saul zum König vor dem HERRN zu Gilgal und opferten Dankopfer vor dem HERRN. Und Saul samt allen Männern Israels freuten sich daselbst gar sehr.

Das 1. Buch Samuel

12. Kapitel

*Samuel legt sein Richteramt
feierlich nieder.*

1 Da sprach Samuel zum ganzen Israel: Siehe, ich habe eurer Stimme gehorcht in allem, was ihr mir gesagt habt, und habe einen König über euch gemacht.

2 Und nun siehe, da zieht euer König vor euch her. Ich aber bin alt und grau geworden, und meine Söhne sind bei euch, und ich bin vor euch hergegangen von meiner Jugend auf bis auf diesen Tag.

3 Siehe, hier bin ich; antwortet wider mich vor dem HERRN und seinem Gesalbten, ob ich jemandes Ochsen oder Esel genommen habe? ob ich jemand habe Gewalt oder Unrecht getan? ob ich von jemandes Hand ein Geschenk genommen habe und mir die Augen blenden lassen? so will ich's euch wiedergeben.

4 Sie sprachen: Du hast uns keine Gewalt noch Unrecht getan und von niemandes Hand etwas genommen.

5 Er sprach zu ihnen: Der HERR sei Zeuge wider euch und sein Gesalbter heutigestages, daß ihr nichts in meiner Hand gefunden habt. Sie sprachen: Ja, Zeugen sollen sie sein.

6 Und Samuel sprach zum Volk: Ja, der HERR, der Mose und Aaron gemacht hat und eure Väter aus Ägyptenland geführt hat.

7 So tretet nun her, daß ich mit euch rechte vor dem HERRN über alle Wohltat des HERRN, die er an euch und euren Vätern getan hat.

8 Als Jakob nach Ägypten gekommen war, schrieen eure Väter zu dem HERRN, und er sandte Mose und Aaron, daß sie eure Väter aus Ägypten führten und sie an diesem Ort wohnen ließen.

9 Aber da sie des HERRN, ihres Gottes, vergaßen, verkaufte er sie unter die Gewalt Siseras, des Feldhauptmanns zu Hazor, und unter die Gewalt der Philister und unter die Gewalt des Königs der Moabiter, die stritten wider sie.

10 Und sie schrieen zum HERRN und sprachen: Wir haben gesündigt, daß wir den HERRN verlassen und den Baalim und den Astharoth gedient haben; nun aber errette uns von der Hand unserer Feinde, so wollen wir dir dienen.

11 Da sandte der HERR Jerubbaal, Bedan, Jephthah und Samuel und errettete euch von eurer Feinde Händen umher und ließ euch sicher wohnen.

12 Da ihr aber saht, das Nahas, der König der Kinder Ammon, wider euch kam, spracht ihr zu mir: Mitnichten, sondern ein König soll über uns herrschen; so doch der HERR, euer Gott, euer König war.

13 Nun, da habt ihr euren König, den ihr erwählt und erbeten habt; denn siehe, der HERR hat einen König über euch gesetzt.

14 Werdet ihr nun den HERRN fürchten und ihm dienen und seiner Stimme gehorchen und dem Munde des HERRN nicht ungehorsam sein, so werdet ihr und euer König, der über euch herrscht, dem HERRN, eurem Gott, folgen.

15 Werdet ihr aber des HERRN Stimme nicht gehorchen, sondern seinem Munde ungehorsam sein, so wird die Hand des HERRN wider euch sein wie wider eure Väter.

16 Tretet auch nun her und seht das große Ding, das der HERR vor euren Augen tun wird.

17 Ist nicht jetzt die Weizenernte? Ich will aber den HERRN anrufen, daß er soll donnern und regnen lassen, daß ihr innewerdet und sehen sollt das große Übel, das ihr vor des HERRN Augen getan habt, daß ihr euch einen König erbeten habt.

18 Und da Samuel den HERRN anrief, ließ der HERR donnern und regnen desselben Tages. Da fürchtete das ganze Volk sehr den HERRN und Samuel

19 und sprachen alle zu Samuel: Bitte für deine Knechte den HERRN, deinen Gott, daß wir nicht sterben; denn über alle unsre Sünden haben wir auch das Übel getan, daß wir uns einen König erbeten haben.

20 Samuel aber sprach zum Volk: Fürchtet euch nicht! Ihr habt zwar das Übel alles getan; doch weicht nicht hinter dem HERRN ab, sondern dient dem HERRN von ganzem Herzen

21 und folgt nicht dem Eitlen nach; denn es

nützt nicht und kann nicht erretten, weil es ein eitel Ding ist.

22 Aber der HERR verläßt sein Volk nicht um seines großen Namens willen; denn es hat dem HERRN gefallen, euch ihm selbst zum Volk zu machen.

23 Es sei aber auch ferne von mir, mich also an dem HERRN zu versündigen, daß ich sollte ablassen für euch zu beten und euch zu lehren den guten und richtigen Weg.

24 Fürchtet nur den HERRN und dient ihm treulich von ganzem Herzen; denn ihr habt gesehen wie große Dinge er an euch tut.

25 Werdet ihr aber übel handeln, so werdet ihr und euer König verloren sein.

13. Kapitel

Jonathan schlägt die Philister.
Sauls voreiliges Opfer von Samuel bestraft.
Neuer Krieg.

1 Saul war ein Jahr König gewesen; und da er zwei Jahre über Israel regiert hatte,

2 erwählte er sich dreitausend Mann aus Israel. Zweitausend waren mit Saul zu Michmas und auf dem Gebirge zu Beth-El und eintausend mit Jonathan zu Gibea-Benjamin; das andere Volk aber ließ er gehen, einen jeglichen in seine Hütte.

3 Jonathan aber schlug die Schildwacht der Philister, die zu Gibea war. Das kam vor die Philister. Und Saul ließ die Posaune blasen im ganzen Land und sagen: Das laßt die Hebräer hören!

4 Und ganz Israel hörte sagen: Saul hat der Philister Schildwacht geschlagen, und Israel ist stinkend geworden vor den Philistern. Und alles Volk wurde zuhauf gerufen Saul nach gen Gilgal.

5 Da versammelten sich die Philister, zu streiten mit Israel, dreißigtausend Wagen, sechstausend Reiter und sonst Volk, so viel wie Sand am Rand des Meers, und zogen herauf und lagerten sich zu Michmas, gegen Morgen vor Beth-Aven.

6 Da das sahen die Männer Israels, daß sie in Nöten waren (denn dem Volk war bange), verkrochen sie sich in die Höhlen und Klüfte und Felsen und Löcher und Gruben.

7 Es gingen aber auch Hebräer über den Jordan ins Land Gad und Gilead. Saul aber war noch zu Gilgal, und alles Volk ward hinter ihm verzagt.

8 Da harrte er sieben Tage auf die Zeit, von Samuel bestimmt. Und da Samuel nicht kam gen Gilgal, zerstreute sich das Volk von ihm.

9 Da sprach Saul: Bringt mir her Brandopfer und Dankopfer. Und er opferte Brandopfer.

10 Als aber das Brandopfer vollendet war, siehe, da kam Samuel. Da ging Saul hinaus ihm entgegen, ihn zu grüßen.

11 Samuel aber sprach: Was hast du getan?

Saul antwortete: Ich sah, daß das Volk sich von mir zerstreute, und du kamst nicht zu bestimmter Zeit, und die Philister waren versammelt zu Michmas.

12 Da sprach ich: Nun werden die Philister zu mir herabkommen gen Gilgal, und ich habe das Angesicht des HERRN nicht erbeten; da wagte ich's und opferte Brandopfer.

13 Samuel aber sprach zu Saul: Du hast töricht getan und nicht gehalten des HERRN, deines Gottes, Gebot, das er dir geboten hat; denn er hätte dein Reich bestätigt über Israel für und für.

14 Aber nun wird dein Reich nicht bestehen. Der HERR hat sich einen Mann ersucht nach seinem Herzen; dem hat der HERR geboten, Fürst zu sein über sein Volk; denn du hast des HERRN Gebot nicht gehalten.

15 Und Samuel machte sich auf und ging von Gilgal gen Gibea-Benjamin. Aber Saul zählte das Volk, das bei ihm war, bei sechshundert Mann.

16 Saul aber und sein Sohn Jonathan und das Volk, das bei ihm war, blieben zu Gibea-Benjamin. Die Philister aber hatten sich gelagert zu Michmas.

17 Und aus dem Lager der Philister zogen drei Haufen, das Land zu verheeren. Einer wandte sich auf die Straße gen Ophra ins Land Sual;

18 der andere wandte sich auf die Straße Beth-Horons; der dritte wandte sich auf die Straße, die da reicht bis an das Tal Zeboim an der Wüste.

19 Es ward aber kein Schmied im ganzen

Lande Israel gefunden, denn die Philister gedachten, die Hebräer möchten sich Schwert und Spieß machen;

20 und ganz Israel mußte hinabziehen zu den Philistern, wenn jemand hatte eine Pflugschar, Haue, Beil oder Sense zu schärfen.

21 Und die Schneiden an den Sensen und Hauen und Gabeln und Beilen waren abgearbeitet und die Stachel stumpf geworden.

22 Da nun der Streittag kam, ward kein Schwert noch Spieß gefunden in des ganzen Volkes Hand, das mit Saul und Jonathan war; nur Saul und sein Sohn Jonathan hatten Waffen.

23 Und eine Wache der Philister zog heraus an den engen Weg von Michmas.

14. Kapitel

Heldentat Jonathans. Sauls unzeitiger Eifer. Seine Kriege und sein Haus.

1 Es begab sich eines Tages, daß Jonathan, der Sohn Sauls, sprach zu seinem Knaben, der sein Waffenträger war: Komm, laß und hinübergehen zu der Philister Wache, die da drüben ist! und sagte es seinem Vater nicht an.

2 Saul aber blieb zu Gibea am Ende unter einem Granatbaum, der in der Vorstadt war; und des Volks, das bei ihm war, waren bei sechshundert Mann.

3 Und Ahia, der Sohn Ahitobs, des Bruders Ikabods, des Sohnes Pinehas, des Sohnes Elis, des Priesters des HERRN zu Silo, trug den Leibrock. Das Volk wußte auch nicht, daß Jonathan war hingegangen.

4 Es waren aber an dem Wege, da Jonathan versuchte hinüberzugehen zu der Philister Wache, zwei spitze Felsen, einer diesseits, der andere jenseits; der eine hieß Bozez, der andere Sene.

5 Und einer sah von Mitternacht gegen Michmas und der andere von Mittag gegen Geba.

6 Und Jonathan sprach zu seinem Waffenträger: Komm, laß uns hinübergehen zu der Wache der Unbeschnittenen! Vielleicht wird der HERR etwas durch uns ausrichten; denn es ist dem HERRN nicht schwer, durch viel oder wenig zu helfen.

7 Da antwortete ihm sein Waffenträger: Tue alles, was in deinem Herzen ist; fahre hin. Siehe, ich bin mit dir, wie dein Herz will.

8 Jonathan sprach: Wohlan! Wenn wir hinüberkommen zu den Leuten und ihnen ins Gesicht kommen,

9 werden sie dann sagen: Steht still, bis wir zu euch gelangen! so wollen wir an unserm Ort stehenbleiben und nicht zu ihnen hinaufgehen.

10 Werden sie aber sagen: Kommt zu uns herauf! so wollen wir zu ihnen hinaufsteigen, so hat sie uns der HERR in unsre Hand gegeben. Und das soll uns zum Zeichen sein.

11 Da sie nun der Philister Wache beide ins Gesicht kamen, sprachen die Philister: Siehe, die Hebräer sind aus ihren Löchern gegangen, darin sie sich verkrochen hatten.

12 Und die Männer der Wache antworteten Jonathan und seinem Waffenträger und sprachen: Kommt herauf zu uns, so wollen wir's euch wohl lehren! Da sprach Jonathan zu seinem Waffenträger: Steig mir nach! der HERR hat sie gegeben in die Hände Israels.

13 Und Jonathan kletterte mit Händen und mit Füßen hinauf und sein Waffenträger ihm nach. Da fielen sie vor Jonathan darnieder, und sein Waffenträger würgte ihm immer nach,

14 also daß derer, die Jonathan und sein Waffenträger zuerst erschlug, waren bei zwanzig Mann, beinahe auf einer halben Hufe Acker, die ein Joch pflügt.

15 Und es kam ein Schrecken ins Lager auf dem Felde und ins ganze Volk; die Wache und die streifenden Rotten erschraken auch, also daß das Land erbebte; denn es war ein Schrecken von Gott.

16 Und die Wächter Sauls zu Gibea-Benjamin sahen, daß der Haufe zerrann und verlief sich und ward zerschmissen.

17 Saul sprach zu dem Volk, das bei ihm war: Zählt und seht, wer von uns sei weggegangen! Und da sie zählten, siehe, da war Jonathan und sein Waffenträger nicht da.

18 Da sprach Saul zu Ahia: Bringe die Lade

Gottes! (Denn die Lade Gottes war zu der Zeit bei den Kindern Israel.)

19 Und da Saul noch redete mit dem Priester, da ward das Getümmel und das Laufen in der Philister Lager größer. Und Saul sprach zum Priester: Zieh deine Hand ab!

20 Und Saul rief und alles Volk, das mit ihm war, und sie kamen zum Streit; und siehe, da ging eines jeglichen Schwert wider den andern und war ein sehr großes Getümmel.

21 Auch die Hebräer, die bisher bei den Philistern gewesen waren und mit ihnen im Lager hinaufgezogen waren umher, taten sich zu denen von Israel, die mit Saul und Jonathan waren.

22 Und alle Männer von Israel, die sich auf dem Gebirge Ephraim verkrochen hatten, da sie hörten, daß die Philister flohen, strichen hinter ihnen her im Streit.

23 Also half der HERR zu der Zeit Israel. Und der Streit währte bis gen Beth-Aven.

24 Und da die Männer Israels matt waren desselben Tages, beschwor Saul das Volk und sprach: Verflucht sei jedermann, wer etwas ißt zum Abend, daß ich mich an meinen Feinden räche! Da aß das ganze Volk nichts.

25 Und das ganze Land kam in den Wald. Es war aber Honig auf dem Erdboden.

26 Und da das Volk hineinkam in den Wald, siehe, da floß der Honig. Aber niemand tat davon mit der Hand zu seinem Munde; denn das

Volk fürchtete sich vor dem Eid.

27 Jonathan aber hatte nicht gehört, daß sein Vater das Volk beschworen hatte, und reckte seinen Stab aus, den er in seiner Hand hatte, und tauchte mit der Spitze in den Honigseim und wandte seine Hand zu seinem Munde; da wurden sein Augen wacker.

28 Da antwortete einer des Volks und sprach: Dein Vater hat das Volk beschworen und gesagt: Verflucht sei jedermann, der heute etwas ißt! Und das Volk war matt geworden.

29 Da sprach Jonathan: Mein Vater hat das Land ins Unglück gebracht; seht, wie wacker sind meine Augen geworden, daß ich ein wenig dieses Honigs gekostet habe.

30 Weil aber das Volk heute nicht hat dürfen essen von der Beute seiner Feinde, die es gefunden hat, so hat auch nun die Schlacht nicht größer werden können wider die Philister.

31 Sie schlugen aber die Philister des Tages von Michmas bis gen Ajalon. Und das Volk ward sehr matt.

32 Und das Volk fiel über die Beute her und nahm Schafe und Rinder und Kälber und schlachteten auf der Erde und aßen so blutig.

33 Da verkündete man Saul: Siehe, das Volk versündigt sich am HERRN, daß es Blut ißt. Er sprach: Ihr habt übel getan; wälzt her zu mir jetzt einen großen Stein.

34 Und Saul sprach weiter: Zerstreut euch unter das Volk und sagt ihnen, daß ein jeglicher

seinen Ochsen und sein Schaf zu mir bringe, und schlachtet allhier, daß ihr esset und euch nicht versündigt an dem HERRN mit dem Blutessen. Da brachte alles Volk ein jeglicher seinen Ochsen mit seiner Hand herzu des Nachts und schlachtete daselbst.

35 Und Saul baute dem HERRN einen Altar. (Das ist der erste Altar, den er dem HERRN baute.)

36 Und Saul sprach: Laßt uns hinabziehen den Philistern nach bei der Nacht und sie berauben, bis daß es lichter Morgen wird, daß wir niemand von ihnen übriglassen. Sie antworteten: Tue alles, was dir gefällt. Aber der Priester sprach: Laßt uns hierher zu Gott nahen.

37 Und Saul fragte Gott: Soll ich hinabziehen den Philistern nach? Und willst du sie geben in Israels Hände? Aber er antwortete ihm zu der Zeit nicht.

38 Da sprach Saul: Laßt herzutreten alle Obersten des Volks, und erfahret und sehet, an welchem die Sünde sei zu dieser Zeit;

39 denn so wahr der HERR lebt, der Heiland Israels, und ob sie gleich an meinem Sohn Jonathan wäre, so soll er sterben! Und niemand antwortete ihm aus dem ganzen Volk.

40 Und er sprach zu dem ganzen Israel: Seid ihr auf jener Seite; ich und mein Sohn Jonathan wollen sein auf dieser Seite. Das Volk sprach: Tue, was dir gefällt.

41 Und Saul sprach zu dem HERRN, dem Gott

Israels: Schaffe Recht! Da ward Jonathan und Saul getroffen; aber das Volk ging frei aus.

42 Saul sprach: Werft über mich und meinen Sohn Jonathan! Da ward Jonathan getroffen.

43 Und Saul sprach zu Jonathan: Sage mir, was hast du getan? Jonathan sagte es ihm und sprach: Ich habe ein wenig Honig gekostet mit dem Stabe, den ich in meiner Hand hatte; und siehe, ich muß darum sterben.

44 Da sprach Saul: Gott tue mir dies und das, Jonathan, du mußt des Todes sterben.

45 Aber das Volk sprach zu Saul: Sollte Jonathan sterben, der ein solch großes Heil in Israel getan hat! Das sei ferne! So wahr der HERR lebt, es soll kein Haar von seinem Haupt auf die Erde fallen; denn Gott hat's heute durch ihn getan. Also erlöste das Volk Jonathan, daß er nicht sterben mußte.

46 Da zog Saul herauf von den Philistern, und die Philister zogen an ihren Ort.

47 Aber da Saul das Reich über Israel eingenommen hatte, stritt er wider alle seine Feinde umher: wider die Moabiter, wider die Kinder Ammon, wider die Edomiter, wider die Könige Zobas, wider die Philister; und wo er sich hin wandte, da übte er Strafe.

48 Und er hatte Sieg und schlug die Amalekiter und errettete Israel von der Hand aller, die sie zwackten.

49 Saul aber hatte Söhne: Jonathan, Iswi, Malchisua. Und seine Töchter hießen also: die

erstgeborene Merab und die jüngere Michal.

50 Und das Weib Sauls hieß Ahinoam, eine Tochter des Ahimaaz. Und sein Feldhauptmann hieß Abner, ein Sohn Ners, Sauls Vetters.

51 Kis war aber Sauls Vater; Ner aber, Abners Vater, war ein Sohn Abiels.

52 Es war aber ein harter Streit wider die Philister, solange Saul lebte. Und wo Saul sah einen starken und rüstigen Mann, den nahm er zu sich.

15. Kapitel

Saul schlägt die Amalekiter, wird aber wegen Ungehorsams gegen Gottes Gebot verworfen.

1 Samuel aber sprach zu Saul: Der HERR hat mich gesandt, daß ich dich zum König salbte über sein Volk Israel; so höre nun die Stimme der Worte des HERRN.

2 So spricht der HERR Zebaoth: Ich habe bedacht, was Amalek Israel tat und wie er ihm den Weg verlegte, da er aus Ägypten zog.

3 So zieh nun hin und schlage die Amalekiter und verbanne sie mit allem, was sie haben; schone ihrer nicht sondern töte Mann und Weib, Kinder und Säuglinge, Ochsen und Schafe, Kamele und Esel!

4 Saul ließ solches vor das Volk kommen; und er zählte sie zu Telaim: zweihunderttausend

Mann Fußvolk und zehntausend Mann aus Juda.

5 Und da Saul kam zu der Amalekiter Stadt, machte er einen Hinterhalt am Bach

6 und ließ den Kenitern sagen: Geht hin, weicht und zieht herab von den Amalekitern, daß ich euch nicht mit ihnen aufräume; denn ihr tatet Barmherzigkeit an allen Kindern Israel, da sie aus Ägypten zogen. Also machten sich die Keniter von den Amalekitern.

7 Da schlug Saul die Amalekiter von Hevila an bis gen Sur, das vor Ägypten liegt,

8 und griff Agag, der Amalekiter König, lebendig, und alles Volk verbannte er mit des Schwertes Schärfe.

9 Aber Saul und das Volk verschonten den Agag, und was gute Schafe und Rinder und gemästet war, und die Lämmer und alles, was gut war, und wollten's nicht verbannen; was aber schnöde und untüchtig war, das verbannten sie.

10 Da geschah des HERRN Wort zu Samuel und sprach:

11 Es reut mich, daß ich Saul zum König gemacht habe; denn er hat sich hinter mir abgewandt und meine Worte nicht erfüllt. Darob ward Samuel zornig und schrie zu dem HERRN die ganze Nacht.

12 Und Samuel machte sich früh auf, daß er Saul am Morgen begegnete. Und ihm ward angesagt, daß Saul gen Karmel gekommen wäre und hätte sich ein Siegeszeichen aufgerichtet und wäre umhergezogen und gen Gilgal

hinabgekommen.

13 Als nun Samuel zu Saul kam, sprach Saul zu ihm: Gesegnet seist du dem HERRN! Ich habe des HERRN Wort erfüllt.

14 Samuel antwortete: Was ist denn das für ein Blöken der Schafe in meinen Ohren und ein Brüllen der Rinder, die ich höre?

15 Saul sprach: Von den Amalekitern haben sie sie gebracht; denn das Volk verschonte die besten Schafe und Rinder um des Opfers willen des HERRN, deines Gottes; das andere haben wir verbannt.

16 Samuel aber antwortete Saul: Laß dir sagen, was der HERR mit mir geredet hat diese Nacht. Er sprach: Sage an!

17 Samuel sprach: Ist's nicht also? Da du klein warst vor deinen Augen, wurdest du das Haupt unter den Stämmen Israels, und der HERR salbte dich zum König über Israel?

18 Und der HERR sandte dich auf den Weg und sprach: Zieh hin und verbanne die Sünder, die Amalekiter, und streite wider sie, bis du sie vertilgst!

19 Warum hast du nicht gehorcht der Stimme des HERRN, sondern hast dich zum Raub gewandt und übel gehandelt vor den Augen des HERRN?

20 Saul antwortete Samuel: Habe ich doch der Stimme des HERRN gehorcht und bin hingezogen des Wegs, den mich der HERR sandte, und habe Agag, der Amalekiter König,

gebracht und die Amalekiter verbannt;

21 Aber das Volk hat vom Raub genommen, Schafe und Rinder, das Beste unter dem Verbannten, dem HERRN deinem Gott, zu opfern in Gilgal.

22 Samuel aber sprach: Meinst du, daß der HERR Lust habe am Opfer und Brandopfer gleich wie am Gehorsam gegen die Stimme des Herrn? Siehe, Gehorsam ist besser denn Opfer, und Aufmerken besser denn das Fett von Widdern;

23 denn Ungehorsam ist eine Zaubereisünde, und Widerstreben ist Abgötterei und Götzendienst. Weil du nun des HERRN Wort verworfen hast, hat er dich auch verworfen, daß du nicht König seist.

24 Da sprach Saul zu Samuel: Ich habe gesündigt, daß ich des HERRN Befehl und deine Worte übertreten habe; denn ich fürchtete das Volk und gehorchte ihrer Stimme.

25 Und nun vergib mir die Sünden und kehre mit mir um, daß ich den HERRN anbete.

26 Samuel sprach zu Saul: Ich will nicht mit dir umkehren; denn du hast des HERRN Wort verworfen, und der HERR hat dich auch verworfen, daß du nicht König seist über Israel.

27 Und als Samuel sich umwandte, daß er wegginge, ergriff er ihn bei einem Zipfel seines Rocks, und er zerriß.

28 Da sprach Samuel zu ihm: Der HERR hat das Königreich Israel heute von dir gerissen und deinem Nächsten gegeben, der besser ist denn

du.

29 Auch lügt der Held in Israel nicht, und es gereut ihn nicht; denn er ist nicht ein Mensch, daß ihn etwas gereuen sollte.

30 Er aber sprach: Ich habe gesündigt; aber ehre mich doch jetzt vor den Ältesten meines Volks und vor Israel und kehre mit mir um, daß ich den HERRN, deinen Gott, anbete.

31 Also kehrte Samuel um und folgte Saul nach, daß Saul den HERRN anbetete.

32 Samuel aber sprach: Laßt her zu mir bringen Agag, der Amalekiter König. Und Agag ging zu ihm getrost und sprach: Also muß man des Todes Bitterkeit vertreiben.

33 Samuel sprach: Wie dein Schwert Weiber ihrer Kinder beraubt hat, also soll auch deine Mutter der Kinder beraubt sein unter den Weibern. Also hieb Samuel den Agag zu Stücken vor dem HERRN in Gilgal.

34 Und Samuel ging hin gen Rama; Saul aber zog hinauf zu seinem Hause zu Gibea Sauls.

35 Und Samuel sah Saul fürder nicht mehr bis an den Tag seines Todes. Aber doch trug Samuel Leid um Saul, daß es den HERRN gereut hatte, daß er Saul zum König über Israel gemacht hatte.

Das 1. Buch Samuel

16. Kapitel

Daniels Berufung und erste Salbung zum König. Sein Saitenspiel erquickt den schwermütigen Saul.

1 Und der HERR sprach zu Samuel: Wie lange trägst du Leid um Saul, den ich verworfen habe, daß er nicht König sei über Israel? Fülle dein Horn mit Öl und gehe hin: ich will dich senden zu dem Bethlehemiter Isai; denn unter seinen Söhnen habe ich mir einen König ersehen.

2 Samuel aber sprach: Wie soll ich hingehen? Saul wird's erfahren und mich erwürgen. Der HERR sprach: Nimm ein Kalb von den Rindern zu dir und sprich: Ich bin gekommen, dem HERRN zu opfern.

3 Und sollst Isai zum Opfer laden; da will ich dir weisen, was du tun sollst, daß du mir salbest, welchen ich dir sagen werde.

4 Samuel tat, wie ihm der HERR gesagt hatte, und kam gen Bethlehem. Da entsetzten sich die Ältesten der Stadt und gingen ihm entgegen und sprachen: Ist's Friede, daß du kommst?

5 Er sprach: Ja, ich bin gekommen, dem HERRN zu opfern; heiligt euch und kommt zu mir zum Opfer. Und er heiligte Isai und seine Söhne und lud sie zum Opfer.

6 Da sie nun hereinkamen, sah er den Eliab an und gedachte, der sei vor dem HERRN sein Gesalbter.

7 Aber der HERR sprach zu Samuel: Sieh nicht

an seine Gestalt noch seine große Person; ich habe ihn verworfen. Denn es geht nicht, wie ein Mensch sieht: ein Mensch sieht, was vor Augen ist; der HERR aber sieht das Herz an.

8 Da rief Isai den Abinadab und ließ ihn an Samuel vorübergehen. Und er sprach: Diesen hat der HERR auch nicht erwählt.

9 Da ließ Isai vorübergehen Samma. Er aber sprach: Diesen hat der HERR auch nicht erwählt.

10 Da ließ Isai seine sieben Söhne an Samuel vorübergehen. Aber Samuel sprach zu Isai: Der HERR hat der keinen erwählt.

11 Und Samuel sprach zu Isai: Sind das die Knaben alle? Er aber sprach: Es ist noch übrig der jüngste; und siehe, er hütet die Schafe. Da sprach Samuel zu Isai; Sende hin und laß ihn holen; denn wir werden uns nicht setzen, bis er hierherkomme.

12 Da sandte er hin und ließ ihn holen. Und er war bräunlich, mit schönen Augen und guter Gestalt. Und der HERR sprach: Auf! und salbe ihn; denn der ist's.

13 Da nahm Samuel sein Ölhorn und salbte ihn mitten unter seinen Brüdern. Und der Geist des HERRN geriet über David von dem Tage an und fürder. Samuel aber machte sich auf und ging gen Rama.

14 Und der Geist des HERRN wich von Saul, und ein böser Geist vom HERRN machte ihn unruhig.

15 Da sprachen die Knechte Sauls zu ihm:

Siehe, ein böser Geist von Gott macht dich sehr unruhig;

16 unser Herr sage seinen Knechten, die vor ihm stehen, daß sie einen Mann suchen, der auf der Harfe wohl spielen könne, auf daß, wenn der böse Geist Gottes über dich kommt, er mit seiner Hand spiele, daß es besser mit dir werde.

17 Da sprach Saul zu seinen Knechten: Seht nach einem Mann, der des Saitenspiels kundig ist, und bringt ihn zu mir.

18 Da antwortete der Jünglinge einer und sprach: Siehe, ich habe gesehen einen Sohn Isais, des Bethlehemiten, der ist des Saitenspiels kundig; ein rüstiger Mann und streitbar und verständig in seinen Reden und schön, und der HERR ist mit ihm.

19 Da sandte Saul Boten zu Isai und ließ ihm sagen: Sende deinen Sohn David zu mir, der bei den Schafen ist.

20 Da nahm Isai einen Esel mit Brot und einen Schlauch Wein und ein Ziegenböcklein und sandte es Saul durch seinen Sohn David.

21 Also kam David zu Saul und diente vor ihm, und er gewann ihn sehr lieb, und er ward sein Waffenträger.

22 Und Saul sandte zu Isai und ließ ihm sagen: Laß David vor mir bleiben; denn er hat Gnade gefunden vor meinen Augen.

23 Wenn nun der Geist Gottes über Saul kam, so nahm David die Harfe und spielte mit seiner Hand; so erquickte sich Saul, und es ward

besser mit ihm, und der böse Geist wich von ihm.

17. Kapitel

David und Goliath.

1 Die Philister sammelten ihre Heere zum Streit und kamen zusammen zu Socho in Juda und lagerten sich zwischen Socho und Aseka bei Ephes-Dammim.

2 Aber Saul und die Männer Israels kamen zusammen und lagerten sich im Eichgrunde und rüsteten sich zum Streit gegen die Philister.

3 Und die Philister standen auf einem Berge jenseits und die Israeliten auf einem Berge diesseits, daß ein Tal zwischen ihnen war.

4 Da trat aus den Lagern der Philister ein Riese mit Namen Goliath von Gath, sechs Ellen und eine Handbreit hoch;

5 und er hatte einen ehernen Helm auf seinem Haupt und einen schuppendichten Panzer an, und das Gewicht seines Panzers war fünftausend Lot Erz,

6 und hatte eherne Beinharnische an seinen Schenkeln und einen ehernen Schild auf seinen Schultern.

7 Und der Schaft seines Spießes war wie ein Weberbaum, und das Eisen seines Spießes hatte sechshundert Lot Eisen; und sein Schildträger

ging vor ihm her.

8 Und er stand und rief zu dem Heer Israels und sprach zu ihnen: Was seid ihr ausgezogen, euch zu rüsten in einen Streit? Bin ich nicht ein Philister und ihr Sauls Knechte? Erwählt einen unter euch, der zu mir herabkomme.

9 Vermag er wider mich zu streiten und schlägt mich, so wollen wir eure Knechte sein; vermag ich aber wider ihn und schlage ihn, so sollt ihr unsre Knechte sein, daß ihr uns dient.

10 Und der Philister sprach: Ich habe heutigestages dem Heer Israels Hohn gesprochen: Gebt mir einen und laßt uns miteinander streiten.

11 Da Saul und ganz Israel diese Rede des Philisters hörten, entsetzten sie sich und fürchteten sich sehr.

12 David aber war jenes ephrathischen Mannes Sohn von Bethlehem-Juda, der hieß Isai; der hatte acht Söhne und war ein alter Mann zu Sauls Zeiten und war betagt unter den Männern.

13 Und die drei ältesten Söhne Isais waren mit Saul in den Streit gezogen und hießen mit Namen: Eliab, der erstgeborene, Abinadab, der andere, und Samma, der dritte.

14 David aber war der jüngste. Da aber die drei ältesten mit Saul in den Krieg zogen,

15 ging David ab und zu von Saul, daß er die Schafe seines Vaters hütete zu Bethlehem.

16 Aber der Philister trat herzu frühmorgens und abends und stellt sich dar vierzig Tage.

17 Isai aber sprach zu seinem Sohn David: Nimm für deine Brüder dieses Epha geröstete Körner und diese zehn Brote und lauf ins Heer zu deinen Brüdern,

18 und diese zehn frischen Käse und bringe sie dem Hauptmann und besuche deine Brüder, ob's ihnen wohl gehe, und nimm, was sie dir befehlen.

19 Saul aber und sie und alle Männer Israels waren im Eichgrunde und stritten wider die Philister.

20 Da machte sich David des Morgens früh auf und ließ die Schafe dem Hüter und trug und ging hin, wie ihm Isai geboten hatte und kam zur Wagenburg. Und das Heer war ausgezogen und hatte sich gerüstet, und sie schrieen im Streit.

21 Denn Israel hatte sich gerüstet; so waren die Philister wider ihr Heer auch gerüstet.

22 Da ließ David das Gefäß, das er trug, unter dem Hüter des Gerätes und lief zum Heer und ging hinein und grüßte seine Brüder.

23 Und da er noch mit ihnen redete, siehe, da trat herauf der Riese mit Namen Goliath, der Philister von Gath, aus der Philister Heer und redete wie vorhin, und David hörte es.

24 Aber jedermann in Israel, wenn er den Mann sah, floh er vor ihm und fürchtete sich sehr.

25 Und jedermann in Israel sprach: Habt ihr den Mann gesehen herauftreten? Denn er ist heraufgetreten Israel Hohn zu sprechen. Und wer ihn schlägt, den will der König sehr reich

machen und ihm seine Tochter geben und will seines Vaters Haus freimachen in Israel.

26 Da sprach David zu den Männern, die bei ihm standen: Was wird man dem tun, der diesen Philister schlägt und die Schande von Israel wendet? Denn wer ist der Philister, dieser Unbeschnittene, der das Heer des lebendigen Gottes höhnt?

27 Da sagte ihm das Volk wie vorhin: So wird man tun dem, der ihn schlägt.

28 Und Eliab, sein ältester Bruder, hörte ihn reden mit den Männern und ergrimmte mit Zorn wider David und sprach: Warum bist du herabgekommen? und wem hast du die wenigen Schafe dort in der Wüste gelassen? Ich kenne deine Vermessenheit wohl und deines Herzens Bosheit. Denn du bist herabgekommen, daß du den Streit sehest.

29 David antwortete: Was habe ich dir nun getan? Ist mir's nicht befohlen?

30 und wandte sich von ihm gegen einen andern und sprach, wie er vorhin gesagt hatte. Da antwortete ihm das Volk wie vorhin.

31 Und da sie die Worte hörten, die David sagte, verkündigten sie es vor Saul, und er ließ ihn holen.

32 Und David sprach zu Saul: Es entfalle keinem Menschen das Herz um deswillen; Dein Knecht soll hingehen und mit dem Philister streiten.

33 Saul aber sprach zu David: Du kannst nicht hingehen wider diesen Philister, mit ihm zu

streiten; denn du bist ein Knabe, dieser aber ist ein Kriegsmann von seiner Jugend auf.

34 David aber sprach zu Saul: Dein Knecht hütete die Schafe seines Vaters, und es kam ein Löwe und ein Bär und trug ein Schaf weg von der Herde;

35 und ich lief ihm nach und schlug ihn und errettete es aus seinem Maul. Und da er sich über mich machte, ergriff ich ihn bei seinem Bart und schlug ihn und tötete ihn.

36 Also hat dein Knecht geschlagen beide, den Löwen und den Bären. So soll nun dieser Philister, der Unbeschnittene, sein gleich wie deren einer; denn er hat geschändet das Heer des lebendigen Gottes.

37 Und David sprach: Der HERR, der mich von dem Löwen und Bären errettet hat, der wird mich auch erretten von diesem Philister.

38 Und Saul sprach zu David: Gehe hin, der HERR sei mit dir! Und Saul zog David seine Kleider an und setzte ihm seinen ehernen Helm auf sein Haupt und legte ihm seinen Panzer an.

39 Und David gürtete sein Schwert über seine Kleider und fing an zu gehen, denn er hatte es nie versucht. Da sprach David zu Saul: Ich kann nicht also gehen, denn ich bin's nicht gewohnt, und legte es von sich

40 und nahm seinen Stab in seine Hand und erwählte fünf glatte Steine aus dem Bach und tat sie in seine Hirtentasche, die er hatte, und in den Sack und nahm die Schleuder in seine Hand und

machte sich zu dem Philister.

41 Und der Philister ging auch einher und machte sich zu David und sein Schildträger vor ihm her.

42 Da nun der Philister sah und schaute David an, verachtete er ihn; denn er war ein Knabe, bräunlich und schön.

43 Und der Philister sprach zu David: Bin ich denn ein Hund, daß du mit Stecken zu mir kommst? und fluchte dem David bei seinem Gott

44 und sprach zu David: Komm her zu mir, ich will dein Fleisch geben den Vögeln unter dem Himmel und den Tieren auf dem Felde!

45 David aber sprach zu dem Philister: Du kommst zu mir mit Schwert, Spieß und Schild; ich aber komme zu dir im Namen des HERRN Zebaoth, des Gottes des Heeres Israels, das du gehöhnt hast.

46 Heutigestages wird dich der HERR in meine Hand überantworten, daß ich dich schlage und nehme dein Haupt von dir und gebe die Leichname des Heeres der Philister heute den Vögeln unter dem Himmel und dem Wild auf Erden, daß alles Land innewerde, daß Israel einen Gott hat,

47 und daß alle diese Gemeinde innewerde, daß der HERR nicht durch Schwert noch Spieß hilft; denn der Streit ist des HERRN, und er wird euch geben in unsre Hände.

48 Da sich nun der Philister aufmachte und daherging und nahte sich zu David, eilte David

und lief auf das Heer zu, dem Philister entgegen.

49 Und David tat seine Hand in die Tasche und nahm einen Stein daraus und schleuderte und traf den Philister an seine Stirn, daß der Stein in seine Stirn fuhr und er zur Erde fiel auf sein Angesicht.

50 Also überwand David den Philister mit der Schleuder und mit dem Stein und schlug ihn und tötete ihn. Und da David kein Schwert in seiner Hand hatte,

51 lief er und trat zu dem Philister und nahm sein Schwert und zog's aus der Scheide und tötete ihn und hieb ihm den Kopf damit ab. Da aber die Philister sahen, daß ihr Stärkster tot war, flohen sie.

52 Und die Männer Israels und Juda's machten sich auf und riefen und jagten den Philistern nach, bis man kommt ins Tal und bis an die Tore Ekrons. Und die Philister fielen erschlagen auf dem Wege zu den Toren bis gen Gath und gen Ekron.

53 Und die Kinder Israel kehrten um von dem Nachjagen der Philister und beraubten ihr Lager.

54 David aber nahm des Philisters Haupt und brachte es gen Jerusalem; seine Waffen aber legte er in sein Hütte.

55 Da aber Saul David sah ausgehen wider die Philister, sprach er zu Abner, seinem Feldhauptmann: Wes Sohn ist der Knabe? Abner aber sprach: So wahr deinen Seele lebt, König, ich weiß es nicht.

56 Der König sprach: So frage darnach, wes Sohn der Jüngling sei.

57 Da nun David wiederkam von der Schlacht des Philisters, nahm ihn Abner und brachte ihn vor Saul, und er hatte des Philisters Haupt in seiner Hand.

58 Und Saul sprach zu ihm: Wes Sohn bist du, Knabe? David sprach: Ich bin ein Sohn deines Knechtes Isai, des Bethlehemiten.

18. Kapitel

David gewinnt Jonathan zum Freund, wird vom Volke gerühmt, von Saul gehaßt, mit Michal verheiratet.

1 Und da er hatte ausgeredet mit Saul, verband sich das Herz Jonathans mit dem Herzen Davids, und Jonathan gewann ihn lieb wie sein eigen Herz.

2 Und Saul nahm ihn des Tages und ließ ihn nicht wieder zu seines Vaters Haus kommen.

3 Und Jonathan und David machten einen Bund miteinander; denn er hatte ihn lieb wie sein eigen Herz.

4 Und Jonathan zog aus seinen Rock, den er anhatte, und gab ihn David, dazu seinen Mantel, sein Schwert, seinen Bogen und seinen Gürtel.

5 Und David zog aus, wohin ihn Saul sandte, und hielt sich klüglich. Und Saul setzte ihn über Kriegsleute; und er gefiel wohl allem Volk, auch

den Knechten Sauls.

6 Es begab sich aber, da er wiedergekommen war von des Philisters Schlacht, daß die Weiber aus allen Städten Israels waren gegangen mit Gesang und Reigen, dem König Saul entgegen, mit Pauken, mit Freuden und mit Geigen.

7 Und die Weiber sangen gegeneinander und spielten und sprachen: Saul hat tausend geschlagen, aber David zehntausend.

8 Da ergrimmte Saul sehr, und gefiel ihm das Wort übel und sprach: Sie haben David zehntausend gegeben und mir tausend: das Königreich will noch sein werden!

9 Und Saul sah David sauer an von dem Tage und hinfort.

10 Des andern Tages geriet der böse Geist von Gott über Saul, und er raste daheim in seinem Hause; David aber spielte auf den Saiten mit seiner Hand, wie er täglich pflegte. Und Saul hatte einen Spieß in der Hand

11 und er schoß ihn und gedachte: Ich will David an die Wand spießen. David aber wandte sich zweimal von ihm.

12 Und Saul fürchtete sich vor David; denn der HERR war mit ihm und war von Saul gewichen.

13 Da tat ihn Saul von sich und setzte ihn zum Fürsten über tausend Mann; und er zog aus und ein vor dem Volk.

14 Und David hielt sich klüglich in allem seinem Tun, und der HERR war mit ihm.

15 Da nun Saul sah, daß er sich so klüglich hielt,

scheute er sich vor ihm.

16 Aber ganz Israel und Juda hatte David lieb; denn er zog aus und ein vor ihnen her.

17 Und Saul sprach zu David: Siehe, meine größte Tochter Merab will ich dir zum Weibe geben; sei mir nur tapfer und führe des HERRN Kriege. Denn Saul gedachte: Meine Hand soll nicht an ihm sein, sondern die Hand der Philister.

18 David aber antwortete Saul: Wer bin ich? und was ist mein Leben und das Geschlecht meines Vaters in Israel, daß ich des Königs Eidam werden soll?

19 Da aber die Zeit kam, daß Merab, die Tochter Sauls, sollte David gegeben werden, ward sie Adriel, dem Meholathiter, zum Weibe gegeben.

20 Aber Michal, Sauls Tochter, hatte den David lieb. Da das Saul angesagt ward, sprach er: Das ist recht;

21 ich will sie ihm geben, daß sie ihm zum Fall gerate und der Philister Hände über ihn kommen. Und sprach zu David: Du sollst heute mit der andern mein Eidam werden.

22 Und Saul gebot seinen Knechten: Redet mit David heimlich und sprecht: Siehe, der König hat Lust zu dir, und alle seine Knechte lieben dich; so sei nun des Königs Eidam.

23 Und die Knechte Sauls redeten solche Worte vor den Ohren Davids. David aber sprach: Dünkt euch das ein Geringes, des Königs Eidam zu

sein? Ich aber bin ein armer, geringer Mann.

24 Und die Knechte Sauls sagten es ihm wieder und sprachen: Solche Worte hat David geredet.

25 Saul sprach: So sagt zu David: Der König begehrt keine Morgengabe, nur hundert Vorhäute von den Philistern, daß man sich räche an des Königs Feinden. Denn Saul trachtete David zu fällen durch der Philister Hand.

26 Da sagten seine Knechte David an solche Worte, und deuchte David die Sache gut, daß er des Königs Eidam würde. Und die Zeit war noch nicht aus,

27 da machte sich David auf und zog mit seinen Männern und schlug unter den Philistern zweihundert Mann. Und David brachte ihre Vorhäute dem König in voller Zahl, daß er des Königs Eidam würde. Da gab ihm Saul seine Tochter Michal zum Weibe.

28 Und Saul sah und merkte, daß der HERR mit David war. Und Michal, Sauls Tochter, hatte ihn lieb.

29 Da fürchtete sich Saul noch mehr vor David und ward sein Feind sein Leben lang.

30 Und da der Philister Fürsten auszogen, handelte David klüglicher denn alle Knechte Sauls, wenn sie auszogen, daß sein Name hoch gepriesen ward.

Das 1. Buch Samuel

19. Kapitel

*David wird von Saul verfolgt und entflieht zu Samuel.
Saul auch unter den Propheten.*

1 Saul aber redete mit seinem Sohn Jonathan und mit allen seinen Knechten, daß sie David sollten töten. Aber Jonathan, Sauls Sohn, hatte David sehr lieb

2 und verkündigte es ihm und sprach: Mein Vater Saul trachtet darnach, daß er dich töte. Nun, so bewahre dich morgen und bleib verborgen und verstecke dich.

3 Ich will aber herausgehen und neben meinem Vater stehen auf dem Felde, da du bist, und von dir mit meinem Vater reden; und was ich sehe, will ich dir kundtun.

4 Und Jonathan redete das Beste von David mit seinem Vater Saul und sprach zu ihm: Es versündige sich der König nicht an seinem Knecht David; denn er hat keine Sünde wider dich getan, und sein Tun ist dir sehr nütze,

5 und er hat sein Leben in seine Hand gesetzt und schlug den Philister, und der HERR tat ein großes Heil dem ganzen Israel. Das hast du gesehen und dich des gefreut. Warum willst du dich denn an unschuldigem Blut versündigen, daß du David ohne Ursache tötest?

6 Da gehorchte Saul der Stimme Jonathans und schwur: So wahr der HERR lebt, er soll nicht sterben!

7 Da rief Jonathan David und sagte ihm alle diese Worte und brachte ihn zu Saul, daß er zu ihm war wie zuvor.

8 Es erhob sich aber wieder ein Streit, und David zog aus und stritt wider die Philister und tat eine große Schlacht, daß sie vor ihm flohen.

9 Aber der böse Geist vom HERRN kam über Saul, und er saß in seinem Hause und hatte einen Spieß in seiner Hand; David aber spielte auf den Saiten mit der Hand.

10 Und Saul trachtete, David mit dem Spieß an die Wand zu spießen. Er aber riß sich von Saul, und der Spieß fuhr in die Wand. David aber floh und entrann dieselbe Nacht.

11 Saul sandte aber Boten zu Davids Haus, daß sie ihn verwahrten und töteten am Morgen. Das verkündigte dem David sein Weib Michal und sprach: Wirst du nicht diese Nacht deine Seele erretten, so mußt du morgen sterben.

12 Da ließ ihn Michal durchs Fenster hernieder, daß er hinging, entfloh und entrann.

13 Und Michal nahm ein Götzenbild und legte es ins Bett und legte ein Ziegenfell zu seinen Häupten und deckte es mit Kleidern zu.

14 Da sandte Saul Boten, daß sie David holten. Sie aber sprach: Er ist krank.

15 Saul aber sandte Boten, nach David zu sehen, und sprach: Bringt ihn herauf zu mir mit dem Bett, daß er getötet werde!

16 Da nun die Boten kamen, siehe, da lag das Bild im Bett und ein Ziegenfell zu seinen

Häupten.

17 Da sprach Saul zu Michal: Warum hast du mich betrogen und meinen Feind gelassen, daß er entrönne? Michal sprach zu Saul: Er sprach zu mir: Laß mich gehen, oder ich töte dich!

18 David aber entfloh und entrann und kam zu Samuel nach Rama und sagte ihm an alles, was ihm Saul getan hatte. Und er ging hin mit Samuel, und sie blieben zu Najoth.

19 Und es ward Saul angesagt: Siehe, David ist zu Najoth in Rama.

20 Da sandte Saul Boten, daß sie David holten; und sie sahen den Chor der Propheten weissagen, und Samuel war ihr Vorsteher. Da kam der Geist Gottes auf die Boten Sauls, daß auch sie weissagten.

21 Da das Saul ward angesagt, sandte er andere Boten; die weissagten auch. Da sandte er die dritten Boten; die weissagten auch.

22 Da ging er selbst auch gen Rama. Und da er kam zum großen Brunnen, der zu Seku ist, fragte er und sprach: Wo ist Samuel und David? Da ward ihm gesagt: Siehe, zu Najoth in Rama.

23 Und er ging dahin gen Najoth in Rama. Und der Geist Gottes kam auch auf ihn, und er ging einher und weissagte, bis er kam gen Najoth in Rama.

24 Und er zog auch seine Kleider aus und weissagte auch vor Samuel und fiel bloß nieder den ganzen Tag und die ganze Nacht. Daher spricht man: Ist Saul auch unter den Propheten?

20. Kapitel

David und Jonathan befestigen ihren Freundschaftsbund.

1 David aber floh von Najoth in Rama und kam und redete vor Jonathan: Was habe ich getan? Was habe ich mißgehandelt? Was habe ich gesündigt vor deinem Vater, daß er nach meinem Leben steht?

2 Er aber sprach zu Ihm: Das sei ferne; du sollst nicht sterben. Siehe, mein Vater tut nichts, weder Großes noch Kleines, das er nicht meinen Ohren offenbare; warum sollte denn mein Vater dies vor mir verbergen? Es wird nicht so sein.

3 Da schwur David weiter und sprach: Dein Vater weiß wohl, daß ich Gnade vor deinen Augen gefunden habe; darum wird er denken: Jonathan soll solches nicht wissen, es möchte ihn bekümmern. Wahrlich, so wahr der HERR lebt, und so wahr deine Seele lebt, es ist nur ein Schritt zwischen mir und dem Tode.

4 Jonathan sprach zu David: Ich will an dir tun, was dein Herz begehrt.

5 David sprach zu ihm: Siehe, morgen ist der Neumond, da ich mit dem König zu Tisch sitzen sollte; so laß mich, daß ich mich auf dem Felde verberge bis an den Abend des dritten Tages.

6 Wird dein Vater nach mir fragen, so sprich: David bat mich, daß er gen Bethlehem, zu seiner Stadt, laufen möchte; denn es ist ein jährlich

Opfer daselbst dem ganzen Geschlecht.

7 Wird er sagen: Es ist gut, so steht es wohl um deinen Knecht. Wird er aber ergrimmen, so wirst du merken, daß Böses bei ihm beschlossen ist.

8 So tue nun Barmherzigkeit an deinem Knecht; denn du hast mit mir, deinem Knecht, einen Bund im HERRN gemacht. Ist aber eine Missetat an mir, so töte du mich; denn warum wolltest du mich zu deinem Vater bringen?

9 Jonathan sprach: Das sei ferne von dir, daß ich sollte merken, daß Böses bei meinem Vater beschlossen wäre über dich zu bringen, und sollte es dir nicht ansagen.

10 David aber sprach: Wer will mir's ansagen, so dir dein Vater etwas Hartes antwortet?

11 Jonathan sprach zu David: Komm, laß uns aufs Feld gehen! Und sie gingen beide hinaus aufs Feld.

12 Und Jonathan sprach zu David: HERR, Gott Israels, wenn ich erforsche an meinem Vater morgen und am dritten Tag, daß es wohl steht mit David, und nicht hinsende zu dir und es vor deinen Ohren offenbare,

13 so tue der HERR dem Jonathan dies und jenes. Wenn aber das Böse meinem Vater gefällt wider dich, so will ich's auch vor deinen Ohren offenbaren und dich ziehen lassen, daß du mit Frieden weggehst. Und der HERR sei mit dir, wie er mit meinem Vater gewesen ist.

14 Tue ich's nicht, so tue keine Barmherzigkeit

des HERRN an mir, solange ich lebe, auch nicht, so ich sterbe.

15 Und wenn der HERR die Feinde Davids ausrotten wird, einen jeglichen aus dem Lande, so reiße du deine Barmherzigkeit nicht von meinem Hause ewiglich.

16 Also machte Jonathan einen Bund mit dem Hause Davids und sprach: Der HERR fordere es von der Hand der Feinde Davids.

17 Und Jonathan fuhr fort und schwur David, so lieb hatte er ihn; denn er hatte ihn so lieb wie seine Seele.

18 Und Jonathan sprach zu ihm: Morgen ist der Neumond, so wird man nach dir fragen; denn man wird dich vermissen, wo du zu sitzen pflegst.

19 Des dritten Tages aber komm bald hernieder und gehe an einen Ort, da du dich verbergest am Werktage, und setze dich an den Stein Asel.

20 So will ich zu seiner Seite drei Pfeile schießen, als ob ich nach dem Ziel schösse.

21 Und siehe, ich will den Knaben senden: Gehe hin, suche die Pfeile! Werde ich zu dem Knaben sagen: Siehe, die Pfeile liegen hierwärts hinter dir, hole sie! so komm, denn es ist Friede und hat keine Gefahr, so wahr der HERR lebt.

22 Sage ich aber zum Jüngling: Siehe, die Pfeile liegen dortwärts vor dir! so gehe hin, denn der HERR hat dich lassen gehen.

23 Was aber du und ich miteinander geredet

haben, da ist der HERR zwischen mir und dir ewiglich.

24 David verbarg sich im Felde. Und da der Neumond kam, setzte sich der König zu Tisch, zu essen.

25 Da sich aber der König gesetzt hatte an seinen Ort, wie er gewohnt war, an der Wand, stand Jonathan auf; Abner aber setzte sich an die Seite Sauls. Und man vermißte David an seinem Ort.

26 Und Saul redete des Tages nichts; denn er gedachte; Es ist ihm etwas widerfahren, daß er nicht rein ist.

27 Des andern Tages nach dem Neumond, da man David vermißte an seinem Ort, sprach Saul zu seinem Sohn Jonathan: Warum ist der Sohn Isai nicht zu Tisch gekommen, weder gestern noch heute?

28 Jonathan antwortete Saul: Er bat mich sehr, daß er gen Bethlehem ginge,

29 und sprach: Laß mich gehen; denn unser Geschlecht hat zu opfern in der Stadt, und mein Bruder hat mir's selbst geboten; habe ich Gnade vor deinen Augen gefunden, so will ich hinweg und meine Brüder sehen. Darum ist er nicht gekommen zu des Königs Tisch.

30 Da ergrimmte der Zorn Sauls wider Jonathan, und er sprach zu ihm: Du ungehorsamer Bösewicht! ich weiß wohl, daß du den Sohn Isais auserkoren hast, dir und deiner Mutter, die dich geboren hat, zur Schande.

31 Denn solange der Sohn Isais lebt auf Erden, wirst du, dazu auch dein Königreich, nicht bestehen. So sende nun hin und laß ihn herholen zu mir; denn er muß sterben.

32 Jonathan antwortete seinem Vater Saul und sprach zu ihm: Warum soll er sterben? Was hat er getan?

33 Da schoß Saul den Spieß nach ihm, daß er ihn spießte. Da merkte Jonathan, daß bei seinem Vater gänzlich beschlossen war, David zu töten,

34 und stand auf vom Tisch mit grimmigem Zorn und aß des andern Tages nach dem Neumond kein Brot; denn er war bekümmert um David, daß ihn sein Vater also verdammte.

35 Des Morgens ging Jonathan hinaus aufs Feld, dahin David bestimmt hatte, und ein kleiner Knabe mit ihm;

36 und sprach zu dem Knaben: Lauf und suche mir die Pfeile, die ich schieße! Da aber der Knabe lief, schoß er einen Pfeil über ihn hin.

37 Und als der Knabe kam an den Ort, dahin Jonathan den Pfeil geschossen hatte, rief ihm Jonathan nach und sprach: Der Pfeil liegt dortwärts vor dir.

38 Und rief abermals ihm nach: Rasch! eile, und stehe nicht still! Da las der Knabe Jonathans Pfeile auf und brachte sie zu seinem Herrn.

39 Und der Knabe wußte nichts darum; allein Jonathan und David wußten um die Sache.

40 Da gab Jonathan seine Waffen seinem Knaben und sprach zu ihm: Gehe hin und trage

sie in die Stadt.

41 Da der Knabe hineinkam, stand David auf vom Ort gegen Mittag und fiel auf sein Antlitz zur Erde und beugte sich dreimal nieder, und sie küßten sich miteinander und weinten miteinander, David aber am allermeisten.

42 Und Jonathan sprach zu David: Gehe hin mit Frieden! Was wir beide geschworen haben im Namen des HERRN und gesagt: Der HERR sei zwischen mir und dir, zwischen meinem Samen und deinem Samen, das bleibe ewiglich. Und Jonathan machte sich auf und kam in die Stadt.

21. Kapitel

David erhält vom Priester Ahimelech die Schaubrote und Goliaths Schwert; flieht zum König Achis.

1 David aber kam gen Nobe zum Priester Ahimelech. Und Ahimelech entsetzte sich, da er David entgegenging, und sprach zu ihm: Warum kommst du allein und ist kein Mann mit dir?

2 David sprach zu Ahimelech, dem Priester: Der König hat mir eine Sache befohlen und sprach zu mir: Laß niemand wissen, warum ich dich gesandt habe und was ich dir befohlen habe. Denn ich habe auch meine Leute an den und den Ort beschieden.

3 Hast du nun etwas unter deiner Hand, ein Brot oder fünf, die gib mir in meine Hand, oder was

du findest.

4 Der Priester antwortete David und sprach: Ich habe kein gemeines Brot unter meiner Hand, sondern heiliges Brot; wenn sich nur die Leute von Weibern enthalten hätten!

5 David antwortete dem Priester und sprach zu ihm: Es sind die Weiber drei Tage uns versperrt gewesen, da ich auszog, und der Leute Zeug war heilig; ist aber dieser Weg unheilig, so wird er heute geheiligt werden an dem Zeuge.

6 Da gab ihm der Priester von dem heiligen Brot, weil kein anderes da war denn die Schaubrote, die man vor dem HERRN abhob, daß man anderes frisches Brot auflegte des Tages, da man sie wegnahm.

7 Es war aber des Tages ein Mann drinnen versperrt vor dem HERRN aus den Knechten Sauls, mit Namen Doeg, ein Edomiter, der mächtigste unter den Hirten Sauls.

8 Und David sprach zu Ahimelech: Ist nicht hier unter deiner Hand ein Spieß oder Schwert? Ich habe mein Schwert und meine Waffen nicht mit mir genommen; denn die Sache des Königs war eilend.

9 Der Priester sprach: Das Schwert des Philisters Goliath, den du schlugst im Eichgrunde, das ist hier, gewickelt in einen Mantel hinter dem Leibrock. Willst du das, so nimm's hin; denn es ist hier kein anderes als das. David sprach: Es ist seinesgleichen nicht; gib mir's!

10 Und David machte sich auf und floh vor Saul und kam zu Achis, dem König zu Gath.

11 Aber die Knechte des Achis sprachen zu ihm: Das ist der David, des Landes König, von dem sie sangen im Reigen und sprachen: Saul schlug tausend, David aber zehntausend.

12 Und David nahm die Rede zu Herzen und fürchtete sich sehr vor Achis, dem König zu Gath,

13 und verstellte seine Gebärde vor ihnen und tobte unter ihren Händen und stieß sich an die Tür am Tor, und sein Geifer floß ihm in den Bart.

14 Da sprach Achis zu seinen Knechten: Siehe, ihr seht, daß der Mann unsinnig ist; warum habt ihr ihn zu mir gebracht?

15 Habe ich der Unsinnigen zu wenig, daß ihr diesen herbrächtet, daß er neben mir rasete? Sollte der in mein Haus kommen?

22. Kapitel

David flieht weiter.
Saul lässt durch den Verräter Doeg
fünfundachtzig Priester töten.

1 David ging von dannen und entrann in die Höhle Adullam. Da das seine Brüder hörten und das ganze Haus seines Vaters, kamen sie zu ihm hinab dahin.

2 Und es versammelten sich zu ihm allerlei Männer, die in Not und Schulden und betrübten Herzens waren; und er war ihr Oberster, daß bei vierhundert Mann bei ihm waren.

3 Und David ging von da gen Mizpe in der Moabiter Land und sprach zu der Moabiter König: Laß meinen Vater und meine Mutter bei euch aus und ein gehen, bis ich erfahre, was Gott mit mir tun wird.

4 Und er ließ sie vor dem König der Moabiter, daß sie bei ihm blieben, solange David sich barg an sicherem Orte.

5 Aber der Prophet Gad sprach zu David: Bleibe nicht verborgen, sondern gehe hin und komm ins Land Juda. Da ging David hin und kam in den Wald Hereth.

6 Und es kam vor Saul, daß David und die Männer, die bei ihm waren, wären hervorgekommen. Und Saul saß zu Gibea unter dem Baum auf der Höhe und hatte seinen Spieß in der Hand, und alle seine Knechte standen neben ihm.

7 Da sprach Saul zu seinen Knechten, die neben ihm standen: Höret, ihr Benjaminiter! wird auch der Sohn Isais euch allen Äcker und Weinberge geben und euch alle über tausend und über hundert zu Obersten machen,

8 daß ihr euch alle verbunden habt wider mich und ist niemand, der es meinen Ohren offenbarte, weil auch mein Sohn einen Bund gemacht hat mit dem Sohn Isais? Ist niemand

unter euch, den es kränke meinethalben und der es meinen Ohren offenbare? Denn mein Sohn hat meinen Knecht wider mich auferweckt, daß er mir nachstellt, wie es am Tage ist.

9 Da antwortete Doeg, der Edomiter, der neben den Knechten Sauls stand, und sprach: Ich sah den Sohn Isais, daß er gen Nobe kam zu Ahimelech, dem Sohn Ahitobs.

10 Der fragte den HERRN für ihn und gab ihm Speise und das Schwert Goliaths, des Philisters.

11 Da sandte der König hin und ließ rufen Ahimelech, den Priester, den Sohn Ahitobs, und seines Vaters ganzes Haus, die Priester, die zu Nobe waren. Und sie kamen alle zum König.

12 Und Saul sprach: Höre, du Sohn Ahitobs! Er sprach: Hier bin ich, mein Herr.

13 Und Saul sprach zu ihm: Warum habt ihr einen Bund wider mich gemacht, du und der Sohn Isais, daß du ihm Brot und Schwert gegeben und Gott für ihn gefragt hast, daß du ihn erweckest, daß er mir nachstelle, wie es am Tage ist?

14 Ahimelech antwortete dem König und sprach: Und wer ist unter allen deinen Knechten wie David, der getreu ist und des Königs Eidam und geht in deinem Gehorsam und ist herrlich gehalten in deinem Hause?

15 Habe ich denn heute erst angefangen Gott für ihn zu fragen? Das sei ferne von mir! Der König lege solches seinem Knecht nicht auf noch meines Vaters ganzem Hause; denn dein Knecht

hat von allem diesem nichts gewußt, weder Kleines noch Großes.

16 Aber der König sprach: Ahimelech, du mußt des Todes sterben, du und deines Vater ganzes Haus.

17 Und der König sprach zu seinen Trabanten, die neben ihm standen: Wendet euch und tötet des HERRN Priester! denn ihre Hand ist auch mit David, und da sie wußten, daß er floh, haben sie mir's nicht eröffnet. Aber die Knechte des Königs wollten ihre Hände nicht an die Priester des HERRN legen, sie zu erschlagen.

18 Da sprach der König zu Doeg: Wende du dich und erschlage die Priester! Doeg, der Edomiter, wandte sich und erschlug die Priester, daß des Tages starben fünfundachtzig Männer, die leinene Leibröcke trugen.

19 Und die Stadt der Priester, Nobe, schlug er mit der Schärfe des Schwerts, Mann und Weib, Kinder und Säuglinge, Ochsen und Esel und Schafe.

20 Es entrann aber ein Sohn Ahimelechs, des Sohnes Ahitobs, der hieß Abjathar, und floh David nach

21 und verkündigte ihm, daß Saul die Priester des HERRN erwürgt hätte.

22 David aber sprach zu Abjathar: Ich wußte es wohl an dem Tage, da der Edomiter Doeg da war, daß er's würde Saul ansagen. Ich bin schuldig an allen Seelen in deines Vaters Hause.

23 Bleibe bei mir und fürchte dich nicht; wer

nach meinem Leben steht, der soll auch nach deinem Leben stehen, und sollst mit mir bewahrt werden.

23. Kapitel

David befreit die Stadt Kegila von den Philistern, wird verraten, verfolgt und wunderbar errettet.

1 Und es ward David angesagt: Siehe, die Philister streiten wider Kegila und berauben die Tennen.

2 Da fragte David den HERRN und sprach: Soll ich hingehen und diese Philister schlagen? Und der HERR sprach zu David: Gehe hin! du wirst die Philister schlagen und Kegila erretten.

3 Aber die Männer bei David sprachen zu ihm: Siehe, wir fürchten uns hier in Juda, und wollen hingehen gen Kegila zu der Philister Heer?

4 Da fragte David wieder den HERRN, und der HERR antwortete ihm und sprach: Auf, zieh hinab gen Kegila! denn ich will die Philister in deine Hände geben.

5 Also zog David samt seinen Männern gen Kegila und stritt wider die Philister und trieb ihnen ihr Vieh weg und tat eine große Schlacht an ihnen. Also errettete David die zu Kegila.

6 Denn da Abjathar, der Sohn Ahimelechs, floh zu David gen Kegila, trug er den Leibrock mit sich hinab.

7 Da ward Saul angesagt, daß David gen Kegila gekommen wäre, und er sprach: Gott hat ihn in meine Hände übergeben, daß er eingeschlossen ist, nun er in eine Stadt gekommen ist, mit Türen und Riegeln verwahrt.

8 Und Saul ließ alles Volk rufen zum Streit hinab gen Kegila, daß sie David und seine Männer belagerten.

9 Da aber David merkte, daß Saul Böses über ihn gedachte, sprach er zu dem Priester Abjathar: Lange den Leibrock her!

10 Und David sprach: HERR, Gott Israels, dein Knecht hat gehört, daß Saul darnach trachte, daß er gen Kegila komme, die Stadt zu verderben um meinetwillen.

11 Werden mich auch die Bürger zu Kegila überantworten in seine Hände? Und wird auch Saul herabkommen, wie dein Knecht gehört hat? Das verkündige, HERR, Gott Israels, deinem Knecht! Und der HERR sprach: Er wird herabkommen.

12 David sprach: Werden aber die Bürger zu Kegila mich und meine Männer überantworten in die Hände Sauls? Der HERR sprach: Ja.

13 Da machte sich David auf samt seinen Männern, deren bei sechshundert waren, und zogen aus von Kegila und wandelten, wo sie konnten. Da nun Saul angesagt ward, daß David von Kegila entronnen war, ließ er sein Ausziehen anstehen.

14 David aber blieb in der Wüste verborgen

und blieb auf dem Berge in der Wüste Siph. Saul aber suchte ihn sein Leben lang; aber Gott gab ihn nicht in seine Hände.

15 Und David sah, daß Saul ausgezogen war, sein Leben zu suchen. Aber David war in der Wüste Siph, in der Heide.

16 Da machte sich Jonathan auf, der Sohn Sauls, und ging hin zu David in der Heide und stärkte seine Hand in Gott

17 und sprach zu ihm: Fürchte dich nicht; meines Vaters Sauls Hand wird dich nicht finden, und du wirst König werden über Israel, so will ich der nächste um dich sein; auch weiß solches mein Vater wohl.

18 Und sie machten beide einen Bund miteinander vor dem HERRN; und David blieb in der Heide, aber Jonathan zog wieder heim.

19 Aber die Siphiter zogen hinauf zu Saul gen Gibea und sprachen: Ist nicht David bei uns verborgen an sicherem Ort in der Heide, auf dem Hügel Hachila, der zur Rechten liegt an der Wüste?

20 So komme nun der König hernieder nach all seines Herzens Begehr, so wollen wir ihn überantworten in des Königs Hände.

21 Da sprach Saul: Gesegnet seid ihr dem HERRN, daß ihr euch meiner erbarmt habt!

22 So gehet nun hin und werdet's noch gewisser, daß ihr wisset und sehet, an welchem Ort seine Füße gewesen sind und wer ihn daselbst gesehen habe; denn mir ist gesagt, daß

er listig ist.

23 Besehet und erkundet alle Orte, da er sich verkriecht, und kommt wieder zu mir, wenn ihr's gewiß seid, so will ich mit euch ziehen. Ist er im Lande, so will ich nach ihm forschen unter allen Tausenden in Juda.

24 Da machten sie sich auf und gingen gen Siph vor Saul hin. David aber und seine Männer waren in der Wüste Maon, auf dem Gefilde zur Rechten der Wüste.

25 Da nun Saul hinzog mit seinen Männern, zu suchen, ward's David angesagt; und er machte sich den Fels hinab und blieb in der Wüste Maon. Da das Saul hörte, jagte er David nach in die Wüste Maon.

26 Und Saul mit seinen Männern ging an einer Seite des Berges, David mit seinen Männern an der anderen Seite des Berges. Da David aber eilte, dem Saul zu entgehen, da umringte Saul samt seinen Männern David und seine Männer, daß er sie griffe.

27 Aber es kam ein Bote zu Saul und sprach: Eile und komm! denn die Philister sind ins Land gefallen.

28 Da kehrte sich Saul von dem Nachjagen Davids und zog hin, den Philistern entgegen; daher heißt man den Ort Sela-Mahlekoth (das heißt Scheidefels).

29 Und David zog hinauf von dannen und barg sich auf den Berghöhen zu Engedi.

24. Kapitel

David schont Saul in der Höhle und bringt ihn zur Erkenntnis seines Unrechts.

1 Da nun Saul wiederkam von den Philistern, ward ihm gesagt: Siehe, David ist in der Wüste Engedi.

2 Und Saul nahm dreitausend junger Mannschaft aus ganz Israel und zog hin, David samt seinen Männern zu suchen auf den Felsen der Gemsen.

3 Und da er kam zu den Schafhürden am Wege, war daselbst eine Höhle, und Saul ging hinein seine Füße zu decken. David aber und seine Männer saßen hinten in der Höhle.

4 Da sprachen die Männer Davids zu ihm: Siehe, das ist der Tag, davon der HERR dir gesagt hat: "Siehe, ich will deinen Feind in deine Hände geben, daß du mit ihm tust, was dir gefällt." Und David stand auf und schnitt leise einen Zipfel vom Rock Sauls.

5 Aber darnach schlug ihm sein Herz, daß er den Zipfel Sauls hatte abgeschnitten,

6 und er sprach zu seinen Männern: Das lasse der HERR ferne von mir sein, daß ich das tun sollte und meine Hand legen an meinen Herrn, den Gesalbten des HERRN; denn er ist der Gesalbte des HERRN.

7 Und David wies seine Männer von sich mit den Worten und ließ sie nicht sich wider Saul

auflehnen. Da aber Saul sich aufmachte aus der Höhle und ging des Weges,

8 machte sich darnach David auch auf und ging aus der Höhle und rief Saul hintennach und sprach: Mein Herr König! Saul sah hinter sich. Und David neigte sein Antlitz zur Erde und fiel nieder

9 und sprach zu Saul: Warum gehorchst du der Menschen Wort, die da sagen: David sucht dein Unglück?

10 Siehe, heutigestages sehen deine Augen, daß dich der HERR heute hat in meine Hände gegeben in der Höhle, und es ward gesagt, daß ich dich sollte erwürgen. Aber es ward dein verschont; denn ich sprach: Ich will meine Hand nicht an meinen Herrn legen; denn er ist der Gesalbte des HERRN.

11 Mein Vater, siehe doch den Zipfel von deinem Rock in meiner Hand, daß ich dich nicht erwürgen wollte, da ich den Zipfel von deinem Rock schnitt. Erkenne und sieh, daß nichts Böses in meiner Hand ist noch keine Übertretung. Ich habe auch an dir nicht gesündigt, und du jagst meine Seele, daß du sie wegnehmest.

12 Der HERR wird Richter sein zwischen mir und dir und mich an dir rächen; aber meine Hand soll nicht über dir sein.

13 Wie man sagt nach dem alten Sprichwort: "Von Gottlosen kommt Untugend." Aber meine Hand soll nicht über dir sein.

14 Wem ziehst du nach, König von Israel? Wem

jagst du nach? Einem toten Hund, einem einzigen Floh.

15 Der HERR sei Richter und richte zwischen mir und dir und sehe darein und führe meine Sache aus und rette mich von deiner Hand.

16 Als nun David solche Worte zu Saul hatte ausgeredet, sprach Saul: Ist das nicht deine Stimme, mein Sohn David? Und Saul hob auf seine Stimme und weinte

17 und sprach zu David: Du bist gerechter denn ich: du hast mir Gutes bewiesen; ich aber habe dir Böses bewiesen;

18 und du hast mir heute angezeigt, wie du Gutes an mir getan hast, daß mich der HERR hatte in deine Hände beschlossen und du mich doch nicht erwürgt hast.

19 Wie sollte jemand seinen Feind finden und ihn lassen einen guten Weg gehen? Der HERR vergelte dir Gutes für diesen Tag, wie du an mir getan hast.

20 Nun siehe, ich weiß, daß du König werden wirst, und das Königreich Israel wird in deiner Hand bestehen:

21 so schwöre mir nun bei dem HERRN, daß du nicht ausrottest meinen Samen nach mir und meinen Namen nicht austilgest von meines Vaters Hause.

22 Und David schwur Saul. Da zog Saul heim; David aber mit seinen Männern machte sich hinauf auf die Berghöhe.

25. Kapitel

Samuel's Tod.
Nabals Torheit, Abigails Klugheit.

1 Und Samuel starb; und das ganze Israel versammelte sich und trug Leid um ihn, und sie begruben ihn in seinem Hause zu Rama. David aber machte sich auf und zog hinab in die Wüste Pharan.

2 Und es war ein Mann zu Maon und sein Wesen zu Karmel; und der Mann war sehr großen Vermögens und hatte dreitausend Schafe und tausend Ziegen. Und es begab sich eben, daß er seine Schafe schor zu Karmel.

3 Und er hieß Nabal; sein Weib aber hieß Abigail und war ein Weib von guter Vernunft und schön von Angesicht; der Mann aber war hart und boshaft in seinem Tun und war einer von Kaleb.

4 Da nun David in der Wüste hörte, daß Nabal seine Schafe schor,

5 sandte er aus zehn Jünglinge und sprach zu ihnen: Gehet hinauf gen Karmel; und wenn ihr zu Nabal kommt, so grüßet ihn von mir freundlich

6 und sprecht: Glück zu! Friede sei mit dir und deinem Hause und mit allem, was du hast!

7 Ich habe gehört, daß du Schafscherer hast. Nun, deine Hirten, die du hast, sind mit uns gewesen; wir haben sie nicht verhöhnt, und hat ihnen nichts gefehlt an der Zahl, solange sie zu

Karmel gewesen sind

8 frage deine Jünglinge darum, die werden dir's sagen, und laß die Jünglinge Gnade finden vor deinen Augen; denn wir sind auf einen guten Tag gekommen. Gib deinen Knechten und deinem Sohn David, was deine Hand findet.

9 Und da die Jünglinge Davids hinkamen und in Davids Namen alle diese Worte mit Nabal geredet hatten, hörten sie auf.

10 Aber Nabal antwortete den Knechten Davids und sprach: Wer ist David? und wer ist der Sohn Isais? Es werden jetzt der Knechte viel, die sich von ihren Herren reißen.

11 Sollte ich mein Brot, Wasser und Fleisch nehmen, das ich für meine Scherer geschlachtet habe, und den Leuten geben, die ich nicht kenne, wo sie her sind?

12 Da kehrten sich die Jünglinge Davids wieder auf ihren Weg; und da sie wieder zu ihm kamen, sagten sie ihm solches alles.

13 Da sprach David zu seinen Männern: Gürte ein jeglicher sein Schwert um sich und David gürtete sein Schwert auch um sich, und zogen hinauf bei vierhundert Mann; aber zweihundert blieben bei dem Geräte.

14 Aber der Abigail, Nabals Weib, sagte an der Jünglinge einer und sprach: Siehe, David hat Boten gesandt aus der Wüste, unsern Herrn zu grüßen; er aber schnaubte sie an.

15 Und sie sind uns doch sehr nützliche Leute gewesen und haben uns nicht verhöhnt, und hat

uns nichts gefehlt an der Zahl, solange wir bei ihnen gewandelt haben, wenn wir auf dem Felde waren;

16 sondern sie sind unsre Mauern gewesen Tag und Nacht, solange wir die Schafe bei ihnen gehütet haben.

17 So merke nun und siehe, was du tust; denn es ist gewiß ein Unglück vorhanden über unsern Herrn und über sein ganzes Haus; und er ist ein heilloser Mann, dem niemand etwas sagen darf.

18 Da eilte Abigail und nahm zweihundert Brote und zwei Krüge Wein und fünf gekochte Schafe und fünf Scheffel Mehl und hundert Rosinenkuchen und zweihundert Feigenkuchen und lud's auf Esel

19 und sprach zu ihren Jünglingen: Geht vor mir hin; siehe, ich will kommen hernach. Und sie sagte ihrem Mann Nabal nichts davon.

20 Und als sie nun auf dem Esel ritt und hinabzog im Dunkel des Berges, siehe, da kam David und seine Männer hinab ihr entgegen, daß sie auf sie stieß.

21 David aber hatte geredet: Wohlan, ich habe umsonst behütet alles, was dieser hat in der Wüste, daß nichts gefehlt hat an allem, was er hat; und er bezahlt mir Gutes mit Bösem.

22 Gott tue dies und noch mehr den Feinden Davids, wo ich diesem bis zum lichten Morgen übriglasse einen, der männlich ist, aus allem, was er hat.

23 Da nun Abigail David sah, stieg sie eilend

vom Esel und fiel vor David auf ihr Antlitz und beugte sich nieder zur Erde

24 und fiel zu seinen Füßen und sprach: Ach, mein Herr, mein sei die Missetat, und laß deine Magd reden vor deinen Ohren und höre die Worte deiner Magd!

25 Mein Herr setze nicht sein Herz wider diesen Nabal, den heillosen Mann; denn er ist ein Narr, wie sein Name heißt, und Narrheit ist bei ihm. Ich aber, deine Magd, habe die Jünglinge meines Herrn nicht gesehen, die du gesandt hast.

26 Nun aber, mein Herr, so wahr der HERR lebt und so wahr deine Seele lebt, der HERR hat dich verhindert, daß du nicht kämst in Blutschuld und dir mit eigener Hand hilfst. So müssen nun werden wie Nabal deine Feinde und die meinem Herrn übelwollen.

27 Hier ist der Segen, den deine Magd meinem Herrn hergebracht hat; den gib den Jünglingen, die unter meinem Herrn wandeln.

28 Vergib deiner Magd die Übertretung. Denn der HERR wird meinem Herrn ein beständiges Haus machen; denn du führst des HERRN Kriege; und laß kein Böses an dir gefunden werden dein Leben lang.

29 Und wenn sich ein Mensch erheben wird, dich zu verfolgen, und nach deiner Seele steht, so wird die Seele meines Herrn eingebunden sein im Bündlein der Lebendigen bei dem HERRN, deinem Gott; aber die Seele deiner

Feinde wird geschleudert werden mit der Schleuder.

30 Wenn denn der HERR all das Gute meinem Herrn tun wird, was er dir geredet hat, und gebieten, daß du ein Herzog seist über Israel,

31 so wird's dem Herzen meines Herrn nicht ein Anstoß noch Ärgernis sein, daß du Blut vergossen ohne Ursache und dir selber geholfen; so wird der HERR meinem Herrn wohltun und wirst an deine Magd gedenken.

32 Da sprach David zu Abigail: Gelobt sei der HERR, der Gott Israels, der dich heutigestages hat mir entgegengesandt;

33 und gesegnet sei deine Rede, und gesegnet seist du, daß du mir heute gewehrt hast, daß ich nicht in Blutschuld gekommen bin und mir mit eigener Hand geholfen habe.

34 Wahrlich, so wahr der HERR, der Gott Israels, lebt, der mich verhindert hat, daß ich nicht übel an dir täte: wärst du nicht eilend mir begegnet, so wäre dem Nabal nicht übriggeblieben bis auf diesen lichten Morgen einer, der männlich ist.

35 Also nahm David von ihrer Hand, was sie gebracht hatte und sprach zu ihr: Zieh mit Frieden hinauf in dein Haus; siehe, ich habe deiner Stimme gehorcht und deine Person angesehen.

36 Da aber Abigail zu Nabal kam, siehe, da hatte er ein Mahl zugerichtet in seinem Hause wie eines Königs Mahl, und sein Herz war guter

Dinge bei ihm selbst, und er war sehr trunken. Sie aber sagte ihm nichts, weder klein noch groß bis an den lichten Morgen.

37 Da es aber Morgen ward und der Wein von Nabal gekommen war, sagte ihm sein Weib solches. Da erstarb sein Herz in seinem Leibe, daß er ward wie ein Stein.

38 Und über zehn Tage schlug ihn der HERR, daß er starb.

39 Da das David hörte, daß Nabal tot war, sprach er: Gelobt sei der HERR, der meine Schmach gerächt hat an Nabal und seinen Knecht abgehalten hat von dem Übel; und der HERR hat dem Nabal das Übel auf seinen Kopf vergolten. Und David sandte hin und ließ mit Abigail reden, daß er sie zum Weibe nähme.

40 Und da die Knechte Davids zu Abigail kamen gen Karmel, redeten sie mit ihr und sprachen: David hat uns zu dir gesandt, daß er dich zum Weibe nehme.

41 Sie stand auf und fiel nieder auf ihr Angesicht zur Erde und sprach: Siehe, hier ist deine Magd, daß sie diene den Knechten meines Herrn und ihre Füße wasche.

42 Und Abigail eilte und machte sich auf und ritt auf einem Esel, und fünf Dirnen, die unter ihr waren, und zog den Boten Davids nach und ward sein Weib.

43 Auch hatte David Ahinoam von Jesreel genommen; und waren beide seine Weiber.

44 Saul aber hatte Michal seine Tochter, Davids

Weib, Phalti, dem Sohn des Lais von Gallim, gegeben.

26. Kapitel

David nimmt Sauls Spieß und Wasserbecher und beschämt ihn zum zweiten Mal durch Schonung seines Lebens.

1 Die aber von Siph kamen zu Saul gen Gibea und sprachen: Ist nicht David verborgen auf dem Hügel Hachila vor der Wüste?

2 Da machte sich Saul auf und zog herab zur Wüste Siph und mit ihm dreitausend junger Mannschaft in Israel, daß er David suchte in der Wüste Siph,

3 und lagerte sich auf dem Hügel Hachila, der vor der Wüste liegt am Wege. David aber blieb in der Wüste. Und da er merkte, daß Saul ihm nachkam in die Wüste,

4 sandte er Kundschafter aus und erfuhr, daß Saul gewiß gekommen wäre.

5 Und David machte sich auf und kam an den Ort, da Saul sein Lager hielt, und sah die Stätte, da Saul lag mit seinem Feldhauptmann Abner, dem Sohn des Ners. (Denn Saul lag in der Wagenburg und das Heervolk um ihn her.)

6 Da antwortete David und sprach zu Ahimelech, dem Hethiter, und zu Abisai, dem Sohn der Zeruja, dem Bruder Joabs: Wer will mit

mir hinab zu Saul ins Lager? Abisai sprach: Ich will mit dir hinab.

7 Also kam David und Abisai zum Volk des Nachts. Und siehe, Saul lag und schlief in der Wagenburg, und sein Spieß steckte in der Erde zu seinen Häupten; Abner aber und das Volk lag um ihn her.

8 Da sprach Abisai zu David: Gott hat deinen Feind heute in deine Hand beschlossen; so will ich ihn nun mit dem Spieß stechen in die Erde einmal, daß er's nicht mehr bedarf.

9 David aber sprach zu Abisai: Verderbe ihn nicht; denn wer will die Hand an den Gesalbten des HERRN legen und ungestraft bleiben?

10 Weiter sprach David: So wahr der HERR lebt, wo der HERR nicht ihn schlägt, oder seine Zeit kommt, daß er sterbe oder in einen Streit ziehe und komme um,

11 so lasse der HERR ferne von mir sein, daß ich meine Hand sollte an den Gesalbten des HERRN legen. So nimm nun den Spieß zu seinen Häupten und den Wasserbecher und laß uns gehen.

12 Also nahm David den Spieß und den Wasserbecher zu den Häupten Sauls und ging hin, und war niemand, der es sah noch merkte noch erwachte, sondern sie schliefen alle; denn es war ein tiefer Schlaf vom HERRN auf sie gefallen.

13 Da nun David auf die andere Seite hinübergekommen war, trat er auf des Berges

Spitze von ferne, daß ein weiter Raum war zwischen ihnen,

14 und schrie das Volk an und Abner, den Sohn Ners, und sprach: Hörst du nicht, Abner? Und Abner antwortete und sprach: Wer bist du, daß du so schreist gegen den König?

15 Und David sprach zu Abner: Bist du nicht ein Mann und wer ist dir gleich in Israel? Warum hast du denn nicht behütet deinen Herrn, den König? Denn es ist des Volk einer hineingekommen, deinen Herrn, den König, zu verderben.

16 Es ist aber nicht fein, was du getan hast. So wahr der HERR lebt, ihr seid Kinder des Todes, daß ihr euren Herrn, den Gesalbten des HERRN, nicht behütet habt. Nun siehe, hier ist der Spieß des Königs und der Wasserbecher, die zu seinen Häupten waren.

17 Da erkannte Saul die Stimme Davids und sprach: Ist das nicht deine Stimme mein Sohn David? David sprach: Es ist meine Stimme, mein Herr König.

18 Und sprach weiter: Warum verfolgt mein Herr also seinen Knecht? Was habe ich getan? und was Übels ist in meiner Hand?

19 So höre doch nun mein Herr, der König, die Worte seines Knechtes: Reizt dich der HERR wider mich, so lasse man ihn ein Speisopfer riechen; tun's aber Menschenkinder, so seien sie verflucht vor dem HERRN, daß sie mich heute verstoßen, daß ich nicht hafte in des HERRN

Erbteil, und sprechen: Gehe hin, diene andern Göttern!

20 So falle nun mein Blut nicht auf die Erde, ferne von dem Angesicht des HERRN. Denn der König Israels ist ausgezogen zu suchen einen Floh, wie man ein Rebhuhn jagt auf den Bergen.

21 Und Saul sprach: Ich habe gesündigt, komm wieder, mein Sohn David, ich will dir fürder kein Leid tun, darum daß meine Seele heutigestages teuer gewesen ist in deinen Augen. Siehe, ich habe töricht und sehr unweise getan.

22 David antwortete und sprach: Siehe, hier ist der Spieß des Königs; es gehe der Jünglinge einer herüber und hole ihn.

23 Der HERR aber wird einem jeglichen vergelten nach seiner Gerechtigkeit und seinem Glauben. Denn der HERR hat dich heute in meine Hand gegeben; aber ich wollte meine Hand nicht an den Gesalbten des HERRN legen.

24 Und wie heute deine Seele in meinen Augen ist groß geachtet gewesen, so werde meine Seele groß geachtet vor den Augen des HERRN, und er errette mich von aller Trübsal.

25 Saul sprach zu David: Gesegnet seist du, mein Sohn David; du wirst's tun und hinausführen. David aber ging seine Straße, und Saul kehrte wieder an seinen Ort.

Das 1. Buch Samuel

27. Kapitel

*Davids Aufenthalt zu Ziklag
im Lande der Philister.*

1 David aber gedachte in seinem Herzen: Ich werde der Tage einem Saul in die Hände fallen; es ist mir nichts besser, denn daß ich entrinne in der Philister Land, daß Saul von mir ablasse, mich fürder zu suchen im ganzen Gebiet Israels; so werde ich seinen Händen entrinnen.

2 Und machte sich auf und ging hinüber samt den sechshundert Mann, die bei ihm waren, zu Achis, dem Sohn Maochs, dem König zu Gath.

3 Also blieb David bei Achis zu Gath mit seinen Männern, ein jeglicher mit seinem Hause, David auch mit seinen zwei Weibern Ahinoam, der Jesreelitin, und Abigail, des Nabals Weibe, der Karmeliterin.

4 Und da Saul angesagt ward, daß David gen Gath geflohen wäre, suchte er ihn nicht mehr.

5 Und David sprach zu Achis: Habe ich Gnade vor deinen Augen gefunden, so laß mir geben einen Raum in der Städte einer auf dem Lande, daß ich darin wohne; was soll dein Knecht in der königlichen Stadt bei dir wohnen?

6 Da gab ihm Achis des Tages Ziklag. Daher gehört Ziklag zu den Königen Juda's bis auf diesen Tag.

7 Die Zeit aber, die David in der Philister Lande wohnte, ist ein Jahr und vier Monate.

8 David aber zog hinauf samt seinen Männern und fiel ins Land der Gessuriter und Girsiter und Amalekiter; denn diese waren von alters her die Einwohner dieses Landes, wo man kommt gen Sur bis an Ägyptenland.

9 Da aber David das Land schlug, ließ er weder Mann noch Weib leben und nahm Schafe, Rinder, Esel, Kamele und Kleider und kehrte wieder und kam zu Achis.

10 Wenn dann Achis sprach: Seid ihr heute nicht eingefallen? so sprach David: In das Mittagsland Juda's und in das Mittagsland der Jerahmeeliter und in das Mittagsland der Keniter.

11 David aber ließ weder Mann noch Weib lebendig gen Gath kommen und gedachte: Sie möchten wider uns reden und schwätzen. Also tat David, und das war seine Weise, solange er wohnte in der Philister Lande.

12 Darum glaubte Achis David und gedachte: Er hat sich stinkend gemacht vor seinem Volk Israel, darum soll er immer mein Knecht sein.

28. Kapitel

Saul bei dem Weibe zu Endor.

1 Und es begab sich zu derselben Zeit, daß die Philister ihr Heer versammelten, in den Streit zu ziehen wieder Israel. Und Achis sprach zu David: Du sollst wissen, daß du und deine

Männer sollt mit mir ausziehen ins Heer.

2 David sprach zu Achis: Wohlan, du sollst erfahren, was dein Knecht tun wird. Achis sprach zu David: Darum will ich dich zum Hüter meines Hauptes setzen mein Leben lang.

3 Samuel aber war gestorben, und ganz Israel hatte Leid um ihn getragen und ihn begraben in seiner Stadt in Rama. Und Saul hatte aus dem Lande vertrieben die Wahrsager und Zeichendeuter.

4 Da nun die Philister sich versammelten und kamen und lagerten sich zu Sunem, versammelte Saul auch das ganze Israel, und sie lagerten sich zu Gilboa.

5 Da aber Saul der Philister Heer sah, fürchtete er sich, und sein Herz verzagte sehr.

6 Und er ratfragte den HERRN; aber der HERR antwortete ihm nicht, weder durch Träume noch durchs Licht noch durch Propheten. [Er befragte daher den HERRN, aber der HERR gab ihm keine Antwort weder durch Träume, noch durch das Priester-Orakel (Orakelschild), noch durch die Propheten. (1)]

7 Da sprach Saul zu seinen Knechten: Sucht mir ein Weib, die einen Wahrsagergeist hat, daß ich zu ihr gehe und sie Frage. Seine Knechte sprachen zu ihm: Siehe, zu Endor ist ein Weib, die hat einen Wahrsagergeist.

8 Und Saul wechselte seine Kleider und zog andere an und ging hin und zwei Männer mit ihm, und sie kamen bei der Nacht zu dem

Weibe, und er sprach: Weissage mir doch durch den Wahrsagergeist und bringe mir herauf, den ich dir sage.

9 Das Weib sprach zu ihm: Siehe, du weißt wohl, was Saul getan hat, wie er die Wahrsager und Zeichendeuter ausgerottet hat vom Lande; warum willst du denn meine Seele ins Netz führen, daß ich getötet werde?

10 Saul aber schwur ihr bei dem HERRN und sprach: So wahr der HERR lebt, es soll dir dies nicht zur Missetat geraten.

11 Da sprach das Weib: Wen soll ich dir denn heraufbringen? Er sprach: Bringe mir Samuel herauf.

12 Da nun das Weib Samuel sah, schrie sie laut und sprach zu Saul: Warum hast du mich betrogen? Du bist Saul.

13 Und der König sprach zu ihr: Fürchte dich nicht! Was siehst du? Das Weib sprach zu Saul: Ich sehe Götter heraufsteigen aus der Erde.

14 Er sprach: Wie ist er gestaltet? Sie sprach: Es kommt ein alter Mann herauf und ist bekleidet mit einem Priesterrock. Da erkannte Saul, daß es Samuel war, und neigte sich mit seinem Antlitz zur Erde und fiel nieder.

15 Samuel aber sprach zu Saul: Warum hast du mich unruhig gemacht, daß du mich heraufbringen läßt? Saul sprach: Ich bin sehr geängstet: die Philister streiten wider mich, und Gott ist von mir gewichen und antwortet mir nicht, weder durch Propheten noch durch

Träume; darum habe ich dich lassen rufen, daß du mir weisest, was ich tun soll.

16 Samuel sprach: Was willst du mich fragen, weil der HERR von dir gewichen und dein Feind geworden ist?

17 Der HERR wird dir tun, wie er durch mich geredet hat, und wird das Reich von deiner Hand reißen und David, deinem Nächsten, geben.

18 Darum daß du der Stimme des HERRN nicht gehorcht und den Grimm seines Zorns nicht ausgerichtet hast wider Amalek, darum hat dir der HERR solches jetzt getan.

19 Dazu wird der HERR Israel mit dir auch geben in der Philister Hände. Morgen wirst du und deine Söhne mit mir sein. Auch wird der HERR das Lager Israels in der Philister Hände geben.

20 Da fiel Saul zur Erde, so lang er war, und erschrak sehr vor den Worten Samuels, daß keine Kraft mehr in ihm war; denn er hatte nichts gegessen den ganzen Tag und die ganze Nacht.

21 Und das Weib ging hinein zu Saul und sah, daß er sehr erschrocken war, und sprach zu ihm: Siehe, deine Magd hat deiner Stimme gehorcht, und ich habe meine Seele in deine Hand gesetzt, daß ich deinen Worten gehorchte, die du zu mir sagtest.

22 So gehorche nun auch deiner Magd Stimme. Ich will dir einen Bissen Brot vorsetzen, daß du essest, daß du zu Kräften kommest und deine

Straße gehest.

23 Er aber weigerte sich und sprach: Ich will nicht essen. Da nötigten ihn seine Knechte und das Weib, daß er ihrer Stimme gehorchte. Und er stand auf von der Erde und setzte sich aufs Bett.

24 Das Weib aber hatte daheim ein gemästetes Kalb; da eilte sie und schlachtete es und nahm Mehl und knetete es und buk's ungesäuert

25 und brachte es herzu vor Saul und seine Knechte. Und da sie gegessen hatten, standen sie auf und gingen die Nacht.

29. Kapitel

David wird von den Philistern zurückgeschickt.

1 Die Philister aber versammelten alle ihre Heere zu Aphek; und Israel lagerte sich zu Ain in Jesreel.

2 Und die Fürsten der Philister gingen daher mit Hunderten und mit Tausenden; David aber und seine Männer gingen hintennach bei Achis.

3 Da sprachen die Fürsten der Philister: Was sollen diese Hebräer? Achis sprach zu ihnen: Ist nicht das David, der Knecht Sauls, des Königs Israels, der nun bei mir gewesen ist Jahr und Tag, und ich habe nichts an ihm gefunden, seit der Zeit, daß er abgefallen ist, bis her?

4 Aber die Fürsten der Philister wurden zornig

auf ihn und sprachen zu ihm: Laß den Mann umkehren und an seinem Ort bleiben, dahin du ihn bestellt hast, daß er nicht mit uns hinabziehe zum Streit und unser Widersacher werde im Streit. Denn woran könnte er seinem Herrn größeren Gefallen tun als an den Köpfen dieser Männer?

5 Ist er nicht David, von dem sie sangen im Reigen: Saul hat tausend geschlagen, David aber zehntausend?

6 Da rief Achis David und sprach zu ihm: So wahr der HERR lebt, ich halte dich für redlich, und dein Ausgang und Eingang mit mir im Heer gefällt mir wohl, und habe nichts Arges an dir gespürt, seit der Zeit, daß du zu mir gekommen bist; aber du gefällst den Fürsten nicht.

7 So kehre nun um und gehe hin mit Frieden, auf daß du nicht übel tust vor den Augen der Fürsten der Philister.

8 David aber sprach zu Achis: Was habe ich getan, und was hast du gespürt an deinem Knecht seit der Zeit, daß ich vor dir gewesen bin, bis her, daß ich nicht sollte kommen und streiten wider die Feinde meines Herrn, des Königs?

9 Achis antwortete und sprach zu David: Ich weiß es wohl; denn du gefällst meinen Augen wie ein Engel Gottes. Aber der Philister Fürsten haben gesagt: Laß ihn nicht mit uns hinauf in den Streit ziehen.

10 So mache dich nun morgen früh auf und die

Knechte deines Herrn, die mit dir gekommen sind; und wenn ihr euch morgen früh aufgemacht habt, da es licht ist, so gehet hin.

11 Also machten sich David und seine Männer früh auf, daß sie des Morgens hingingen und wieder in der Philister Land kämen. Die Philister aber zogen hinauf gen Jesreel.

30. Kapitel

Die Amalekiter haben Ziklag geplündert; David jagt ihnen den Raub ab.

1 Da nun David des dritten Tages kam gen Ziklag mit seinen Männern, waren die Amalekiter eingefallen ins Mittagsland und in Ziklag und hatten Ziklag geschlagen und mit Feuer verbrannt

2 und hatten die Weiber daraus weggeführt, beide, klein und groß; sie hatten aber niemand getötet, sondern weggetrieben, und waren dahin ihres Weges.

3 Da nun David samt seinen Männern zur Stadt kam und sah, daß sie mit Feuer verbrannt und ihre Weiber, Söhne und Töchter gefangen waren,

4 hoben David und das Volk, das bei ihm war, ihre Stimme auf und weinten, bis sie nicht mehr weinen konnten.

5 Denn Davids zwei Weiber waren auch

gefangen: Ahinoam, die Jesreelitin, und Abigail, Nabals Weib, des Karmeliten.

6 Und David war sehr geängstet, denn das Volk wollte ihn steinigen; denn des ganzen Volkes Seele war unwillig, ein jeglicher um seine Söhne und Töchter willen. David aber stärkte sich in dem HERRN, seinem Gott,

7 und sprach zu Abjathar, dem Priester, Ahimelechs Sohn: Bringe mir her den Leibrock. Und da Abjathar den Leibrock zu David gebracht hatte,

8 fragte David den HERRN und sprach: Soll ich den Kriegsleuten nachjagen, und werde ich sie ergreifen? Er sprach: Jage ihnen nach! du wirst sie ergreifen und Rettung tun.

9 Da zog David hin und die sechshundert Mann, die bei ihm waren; und da sie kamen an den Bach Besor, blieben etliche stehen.

10 David aber und die vierhundert Mann jagten nach; die zweihundert Mann aber, die stehen blieben, waren zu müde, über den Bach Besor zu gehen.

11 Und sie fanden einen ägyptischen Mann im Felde; den führten sie zu David und gaben ihm Brot, daß er aß und tränkten ihn mit Wasser

12 und gaben ihm ein Stück Feigenkuchen und zwei Rosinenkuchen. Und da er gegessen hatte, kam sein Geist wieder zu ihm; denn er hatte in drei Tagen und drei Nächten nichts gegessen und kein Wasser getrunken.

13 David aber sprach zu ihm: Wes bist du? und

woher bist du? Er sprach: Ich bin ein ägyptischer Jüngling, eines Amalekiters Knecht, und mein Herr hat mich verlassen; denn ich war krank vor drei Tagen.

14 Wir sind eingefallen in das Mittagsland der Krether und in Juda und in das Mittagsland Kalebs und haben Ziklag mit Feuer verbrannt.

15 David sprach zu ihm: Willst du mich hinführen zu diesen Kriegsleuten? Er sprach: Schwöre mir bei Gott, daß du mich nicht tötest noch in meines Herrn Hand überantwortest, so will ich dich hinabführen zu diesen Kriegsleuten.

16 Und er führte ihn hinab. Und siehe, sie hatten sich zerstreut auf dem ganzen Lande, aßen und tranken und feierten über all dem großen Raub, den sie genommen hatten aus der Philister und Juda's Lande.

17 Und David schlug sie vom Morgen an bis an den Abend gegen den andern Tag, daß ihrer keiner entrann, außer vierhundert Jünglinge; die stiegen auf die Kamele und flohen.

18 Also errettete David alles, was die Amalekiter genommen hatten, und seine zwei Weiber;

19 und fehlte an keinem, weder klein noch groß noch Söhne noch Töchter noch Beute noch alles, das sie genommen hatten; David brachte es alles wieder.

20 Und David nahm die Schafe und Rinder und trieb das Vieh vor sich her, und sie sprachen: Das ist Davids Raub.

21 Und da David zu den zweihundert Männern kam, die zu müde gewesen, David nachzufolgen, und am Bach Besor geblieben waren, gingen sie heraus, David entgegen und dem Volk, das mit ihm war. Und David trat zum Volk und grüßte sie freundlich.

22 Da antworteten, was böse und lose Leute waren unter denen, die mit David gezogen waren, und sprachen: Weil sie nicht mit uns gezogen sind, soll man ihnen nichts geben von der Beute, die wir errettet haben; sondern ein jeglicher führe sein Weib und seine Kinder und gehe hin.

23 Da sprach David: Ihr sollt nicht so tun, Brüder, mit dem, was uns der HERR gegeben hat, und hat uns behütet und diese Kriegsleute, die wider uns gekommen waren, in unsere Hände gegeben.

24 Wer sollte euch darin gehorchen? Wie das Teil derjenigen, die in den Streit hinabgezogen sind, so soll auch sein das Teil derjenigen, die bei dem Geräte geblieben sind, und soll gleich geteilt werden.

25 Das ist seit der Zeit und forthin in Israel Sitte und Recht geworden bis auf diesen Tag.

26 Und da David gen Ziklag kam, sandte er von der Beute den Ältesten in Juda, seinen Freunden, und sprach: Siehe, da habt ihr den Segen aus der Beute der Feinde des HERRN!

27 nämlich denen zu Beth-El, denen zu Ramoth im Mittagsland, denen zu Jatthir,

Das 1. Buch Samuel

28 denen zu Aroer, denen zu Siphamoth, denen zu Esthemoa,

29 denen zu Rachal, denen in den Städten der Jerahmeeliter, denen in den Städten der Keniter,

30 denen zu Horma, denen zu Bor-Asan, denen zu Athach,

31 denen zu Hebron und allen Orten, da David gewandelt hatte mit seinen Männern.

31. Kapitel

Sauls und seiner Söhne Untergang.

1 Die Philister aber stritten wider Israel; und die Männer Israels flohen vor den Philistern und fielen erschlagen auf dem Gebirge Gilboa.

2 Und die Philister hingen sich an Saul und seine Söhne und erschlugen Jonathan und Abinadab und Malchisua, die Söhne Sauls.

3 Und der Streit ward hart wider Saul, und die Schützen trafen auf ihn mit Bogen, und er ward sehr verwundet von den Schützen.

4 Da sprach Saul zu seinem Waffenträger: Zieh dein Schwert aus und erstich mich damit, daß nicht diese Unbeschnittenen kommen und mich erstechen und treiben ihren Spott mit mir. Aber sein Waffenträger wollte nicht; denn er fürchtete sich sehr. Da nahm Saul das Schwert und fiel hinein.

5 Da nun sein Waffenträger sah, daß Saul tot

war, fiel er auch in sein Schwert und starb mit ihm.

6 Also starb Saul und seine drei Söhne und sein Waffenträger und alle seine Männer zugleich auf diesen Tag.

7 Da aber die Männer Israels, die jenseits des Grundes und gegen den Jordan hin waren, sahen, daß die Männer Israels geflohen waren, und daß Saul und seine Söhne tot waren, verließen sie die Städte und flohen auch; so kamen die Philister und wohnten darin.

8 Des andern Tages kamen die Philister, die Erschlagenen auszuziehen, und fanden Saul und seine drei Söhne liegen auf dem Gebirge Gilboa

9 und hieben ihm sein Haupt ab und zogen ihm seine Waffen ab und sandten sie in der Philister Land umher, zu verkündigen im Hause ihrer Götzen und unter dem Volk,

10 und legten seine Rüstung in das Haus der Astharoth; aber seinen Leichnam hingen sie auf die Mauer zu Beth-Sean.

11 Da die zu Jabes in Gilead hörten, was die Philister Saul getan hatten,

12 machten sie sich auf, was streitbare Männer waren, und gingen die ganze Nacht und nahmen die Leichname Sauls und seiner Söhne von der Mauer zu Beth-Sean und brachten sie gen Jabes und verbrannten sie daselbst

13 und nahmen ihre Gebeine und begruben sie unter den Baum zu Jabes und fasteten sieben Tage.

Das 1. Buch Samuel

Das 1. Buch Samuel

Das 2. Buch Samuel

David - König über Juda und ganz Israel

Von Gottes Zusage und Davids Versagen, Absaloms Aufstand gegen David und Davids Vermächtnis

Das 2. Buch Samuel

1. Kapitel

David lässt den Überbringer von Sauls Krone hinrichten. Sein Trauerlied über Saul und Jonathan.

1 Nach dem Tode Sauls, da David von der Amalekiter Schlacht wiedergekommen und zwei Tage in Ziklag geblieben war,

2 siehe, da kam am dritten Tage ein Mann aus dem Heer von Saul mit zerrissenen Kleidern und Erde auf seinem Haupt. Und da er zu David kam, fiel er zur Erde und beugte sich nieder.

3 David aber sprach zu ihm: Wo kommst du her? Er sprach zu ihm: Aus dem Heer Israels bin ich entronnen.

4 David sprach zu ihm: Sage mir, wie geht es zu? Er sprach: Das Volk ist geflohen vom Streit, und ist viel Volks gefallen; dazu ist Saul tot und sein Sohn Jonathan.

5 David sprach zu dem Jüngling, der ihm solches sagte: Woher weißt du, daß Saul und Jonathan tot sind?

6 Der Jüngling, der ihm solches sagte, sprach: Ich kam von ungefähr aufs Gebirge Gilboa, und siehe Saul lehnte sich auf seinen Spieß, und die Wagen und Reiter jagten hinter ihm her.

7 Und er wandte sich um und sah mich und rief mich. Und ich sprach: Hier bin ich.

8 Und er sprach zu mir: Wer bist du? Ich sprach

zu ihm: Ich bin ein Amalekiter.

9 Und er sprach zu mir: Tritt zu mir und töte mich; denn ich bin bedrängt umher, und mein Leben ist noch ganz in mir.

10 Da trat ich zu ihm und tötete ihn; denn ich wußte wohl, daß er nicht leben konnte nach seinem Fall; und nahm die Krone von seinem Haupt und das Armgeschmeide von seinem Arm und habe es hergebracht zu dir, meinem Herrn.

11 Da faßte David seine Kleider und zerriß sie, und alle Männer, die bei ihm waren,

12 und trugen Leid und weinten und fasteten bis an den Abend über Saul und Jonathan, seinen Sohn, und über das Volk des HERRN und über das Haus Israel, daß sie durchs Schwert gefallen waren.

13 Und David sprach zu dem Jüngling, der es ihm ansagte: Wo bist du her? Er sprach: Ich bin eines Fremdlings, eines Amalekiters, Sohn.

14 David sprach zu ihm: Wie, daß du dich nicht gefürchtet hast, deine Hand zu legen an den Gesalbten des HERRN, ihn zu verderben!

15 Und David sprach zu seiner Jünglinge einem: Herzu, und schlag ihn! Und er schlug, ihn daß er starb.

16 Da sprach David zu ihm: Dein Blut sei über deinem Kopf; denn dein Mund hat wider dich selbst geredet und gesprochen: Ich habe den Gesalbten des HERRN getötet.

17 Und David klagte diese Klage über Saul und

Jonathan, seinen Sohn,

18 und befahl, man sollte die Kinder Juda das Bogenlied lehren. Siehe, es steht geschrieben im Buch der Redlichen:

19 "Die Edelsten in Israel sind auf deiner Höhe erschlagen. Wie sind die Helden gefallen!

20 Sagt's nicht an zu Gath, verkündet's nicht auf den Gassen zu Askalon, daß sich nicht freuen die Töchter der Philister, daß nicht frohlocken die Töchter der Unbeschnittenen.

21 Ihr Berge zu Gilboa, es müsse weder tauen noch regnen auf euch noch Äcker sein, davon Hebopfer kommen; denn daselbst ist den Helden ihr Schild abgeschlagen, der Schild Sauls, als wäre er nicht gesalbt mit Öl.

22 Der Bogen Jonathans hat nie gefehlt, und das Schwert Sauls ist nie leer wiedergekommen von dem Blut der Erschlagenen und vom Fett der Helden.

23 Saul und Jonathan, holdselig und lieblich in ihrem Leben, sind auch im Tode nicht geschieden; schneller waren sie denn die Adler und stärker denn die Löwen.

24 Ihr Töchter Israels, weint über Saul, der euch kleidete mit Scharlach säuberlich und schmückte euch mit goldenen Kleinoden an euren Kleidern.

25 Wie sind die Helden so gefallen im Streit! Jonathan ist auf deinen Höhen erschlagen.

26 Es ist mir Leid um dich, mein Bruder Jonathan: ich habe große Freude und Wonne an dir gehabt; deine Liebe ist mir sonderlicher

gewesen, denn Frauenliebe ist.

27 Wie sind die Helden gefallen und die Streitbaren umgekommen!"

2. Kapitel

David König über Juda. Is-Boseth über Israel. Abner tötet Asahel.

1 Nach dieser Geschichte fragte David den HERRN und sprach: Soll ich hinauf in der Städte Juda's eine ziehen? Und der HERR sprach zu ihm: Zieh hinauf! David sprach: Wohin? Er sprach: Gen Hebron.

2 Da zog David dahin mit seinen zwei Weibern Ahinoam, der Jesreelitin, und Abigail, Nabals, des Karmeliten, Weib.

3 Dazu die Männer, die bei ihm waren, führte David hinauf, einen jeglichen mit seinem Hause, und sie wohnten in den Städten Hebrons.

4 Und die Männer Juda's kamen und salbten daselbst David zum König über das Haus Juda. Und da es David ward angesagt, daß die von Jabes in Gilead Saul begraben hatten,

5 sandte er Boten zu ihnen und ließ ihnen sagen: Gesegnet seid ihr dem HERRN, daß ihr solche Barmherzigkeit an eurem Herrn Saul, getan und ihn begraben habt.

6 So tue nun an euch der HERR Barmherzigkeit und Treue; und ich will euch auch Gutes tun,

darum daß ihr solches getan habt.

7 So seien nun eure Hände getrost, und seiet freudig; denn euer Herr, Saul ist tot; so hat mich das Haus Juda zum König gesalbt über sich.

8 Abner aber, der Sohn Ners, der Sauls Feldhauptmann war, nahm Is-Boseth, Sauls Sohn, und führte ihn gen Mahanaim

9 und machte ihn zum König über Gilead, über die Asuriter, über Jesreel, Ephraim, Benjamin und über ganz Israel.

10 Und Is-Boseth, Sauls Sohn, war vierzig Jahre alt, da er König ward über Israel, und regierte zwei Jahre. Aber das Haus Juda hielt es mit David.

11 Die Zeit aber, da David König war zu Hebron über das Haus Juda, war sieben Jahre und sechs Monate.

12 Und Abner, der Sohn Ners, zog aus samt den Knechten Is-Boseths, des Sohnes Sauls, von Mahanaim, gen Gibeon;

13 und Joab, der Zeruja Sohn, zog aus samt den Knechten Davids; und sie stießen aufeinander am Teich zu Gibeon, und lagerten sich diese auf dieser Seite des Teichs, jene auf jener Seite.

14 Und Abner sprach zu Joab: Laß sich die Leute aufmachen und vor uns spielen. Joab sprach: Es gilt wohl.

15 Da machten sich auf und gingen hin an der Zahl zwölf aus Benjamin auf Is-Boseths Teil, des Sohnes Sauls, und zwölf von den Knechten Davids.

Das 2. Buch Samuel

16 Und ein jeglicher ergriff den andern bei dem Kopf und stieß ihm sein Schwert in seine Seite, und fielen miteinander; daher der Ort genannt wird: Helkath-Hazzurim, der zu Gibeon ist.

17 Und es erhob sich ein sehr harter Streit des Tages. Abner aber und die Männer Israels wurden geschlagen vor den Knechten Davids.

18 Es waren aber drei Söhne der Zeruja daselbst: Joab, Abisai und Asahel. Asahel aber war von leichten Füßen wie ein Reh auf dem Felde

19 und jagte Abner nach und wich nicht weder zur Rechten noch zur Linken von Abner.

20 Da wandte sich Abner um und sprach: Bist du Asahel? Er sprach: Ja.

21 Abner sprach zu ihm: Hebe dich entweder zur Rechten oder zur Linken und nimm für dich der Leute einen und nimm ihm seine Waffen. Aber Asahel wollte nicht von ihm ablassen.

22 Da sprach Abner weiter zu Asahel: Hebe dich von mir! Warum willst du, daß ich dich zu Boden schlage? Und wie dürfte ich mein Antlitz aufheben vor deinem Bruder Joab?

23 Aber er weigerte sich zu weichen. Da stach ihn Abner mit dem Schaft des Spießes in seinen Bauch, daß der Spieß hinten ausging; und er fiel daselbst und starb vor ihm. Und wer an den Ort kam, da Asahel tot lag, der stand still.

24 Aber Joab und Abisai jagten Abner nach, bis die Sonne unterging. Und da sie kamen auf den Hügel Amma, der vor Giah liegt auf dem Wege

zur Wüste Gibeon,

25 versammelten sich die Kinder Benjamin hinter Abner her und wurden ein Haufe und traten auf eines Hügels Spitze.

26 Und Abner rief zu Joab und sprach: Soll denn das Schwert ohne Ende fressen? Weißt du nicht, daß hernach möchte mehr Jammer werden? Wie lange willst du dem Volk nicht sagen, daß es ablasse von seinen Brüdern?

27 Joab sprach: So wahr Gott lebt, hättest du heute morgen so gesagt, das Volk hätte ein jeglicher von seinem Bruder abgelassen.

28 Und Joab blies die Posaune, und alles Volk stand still und jagten nicht mehr Israel nach und stritten auch nicht mehr.

29 Abner aber und seine Männer gingen die ganze Nacht über das Blachfeld und gingen über den Jordan und wandelten durchs ganze Bithron und kamen gen Mahanaim.

30 Joab aber wandte sich von Abner und versammelte das ganze Volk; und es fehlten an den Knechten Davids neunzehn Mann und Asahel.

31 Aber die Knechte Davids hatten geschlagen unter Benjamin und den Männern Abner, daß dreihundertundsechzig Mann waren tot geblieben.

32 Und sie hoben Asahel auf und begruben ihn in seines Vaters Grab zu Bethlehem. Und Joab mit seinen Männern gingen die ganze Nacht, daß ihnen das Licht anbrach zu Hebron.

3. Kapitel

*Davids Söhne. Abner geht zu Daniel über,
wird aber von Joab umgebracht.*

1 Und es war ein langer Streit zwischen dem Hause Sauls und dem Hause Davids. David aber nahm immer mehr zu, und das Haus Saul nahm immer mehr ab.

2 Und es wurden David Kinder geboren zu Hebron: Sein erstgeborener Sohn: Amnon, von Ahinoam, der Jesreelitin;

3 der zweite Chileab, von Abigail, Nabals Weib, des Karmeliten; der dritte: Absalom, der Sohn Maachas, der Tochter Thalmais, des Königs zu Gessur;

4 der vierte: Adonia, der Sohn der Haggith; der fünfte: Sephatja, der Sohn der Abital;

5 der sechste: Jethream, von Egla, dem Weib Davids. Diese sind David geboren zu Hebron.

6 Als nun der Streit war zwischen dem Hause Sauls und dem Hause Davids, stärkte Abner das Haus Sauls.

7 Und Saul hatte ein Kebsweib, die hieß Rizpa, eine Tochter Ajas. Und Is-Boseth sprach zu Abner: Warum hast du dich getan zu meines Vaters Kebsweib?

8 Da ward Abner sehr zornig über die Worte Is-Boseths und sprach: Bin ich denn ein Hundskopf, der ich wider Juda an dem Hause Sauls, deines Vaters, und an seinen Brüdern und Freunden

Barmherzigkeit tue und habe dich nicht in Davids Hände gegeben? Und du rechnest mir heute eine Missetat zu um ein Weib?

9 Gott tue Abner dies und das, wenn ich nicht tue, wie der HERR dem David geschworen hat,

10 daß das Königreich vom Hause Saul genommen werde und der Stuhl Davids aufgerichtet werde über Israel und Juda von Dan bis gen Beer-Seba.

11 Da konnte er fürder ihm kein Wort mehr antworten, so fürchtete er sich vor ihm.

12 Und Abner sandte Boten zu David für sich und ließ ihm sagen: Wes ist das Land? Und sprach: Mache einen Bund mit mir; siehe, meine Hand soll mit dir sein, daß ich zu dir kehre das ganze Israel.

13 Er sprach: Wohl, ich will einen Bund mit dir machen. Aber eins bitte ich von dir, daß du mein Angesicht nicht sehest, du bringst denn zuvor Michal, Sauls Tochter, wenn du kommst, mein Angesicht zu sehen.

14 Auch sandte David Boten zu Is-Boseth, dem Sohn Sauls, und ließ ihm sagen: Gib mir mein Weib Michal, die ich mir verlobt habe mit hundert Vorhäuten der Philister.

15 Is-Boseth sandte hin und ließ sie nehmen von dem Mann Paltiel, dem Sohn des Lais.

16 Und ihr Mann ging mit ihr und weinte hinter ihr bis gen Bahurim. Da sprach Abner zu ihm: Kehre um und gehe hin! Und er kehrte um.

17 Und Abner hatte eine Rede mit den Ältesten

in Israel und sprach: Ihr habt schon längst nach David getrachtet, daß er König wäre über euch.

18 So tut's nun; denn der HERR hat von David gesagt: Ich will mein Volk Israel erretten durch die Hand Davids, meines Knechtes, von der Philister Hand und aller seiner Feinde Hand.

19 Auch redete Abner vor den Ohren Benjamins und ging auch hin, zu reden vor den Ohren Davids zu Hebron alles, was Israel und dem ganzen Hause Benjamin wohl gefiel.

20 Da nun Abner gen Hebron zu David kam und mit ihm zwanzig Mann, machte ihnen David ein Mahl.

21 Und Abner sprach zu David: Ich will mich aufmachen und hingehen, daß ich das ganze Israel zu meinem Herrn, dem König, sammle und daß sie einen Bund mit dir machen, auf daß du König seist, wie es deine Seele begehrt. Also ließ David Abner von sich, daß er hinginge mit Frieden.

22 Und siehe, die Knechte Davids und Joab kamen von einem Streifzuge und brachten mit sich große Beute. Abner aber war nicht mehr bei David zu Hebron, sondern er hatte ihn von sich gelassen, daß er mit Frieden weggegangen war.

23 Da aber Joab und das ganze Heer mit ihm war gekommen, ward ihm angesagt, daß Abner, der Sohn Ners, zum König gekommen war und hatte er ihn von sich gelassen, daß er mit Frieden war weggegangen.

24 Da ging Joab zum König hinein und sprach: Was hast du getan? Siehe, Abner ist zu dir gekommen; warum hast du ihn von dir gelassen, daß er ist weggegangen?

25 Kennst du Abner, den Sohn Ners, nicht? Denn er ist gekommen, dich zu überreden, daß er erkennt deinen Ausgang und Eingang und erführe alles, was du tust.

26 Und da Joab von David ausging, sandte er Boten Abner nach, daß sie ihn wiederum holten von Bor-Hassira; und David wußte nichts darum.

27 Als nun Abner wieder gen Hebron kam, führte ihn Joab mitten unter das Tor, daß er heimlich mit ihm redete, und stach ihn daselbst in den Bauch, daß er starb, um seines Bruders Asahel Bluts willen.

28 Da das David hernach erfuhr, sprach er: Ich bin unschuldig und mein Königreich vor dem HERRN ewiglich an dem Blut Abners, des Sohnes Ners;

29 es falle aber auf das Haupt Joabs und auf seines Vaters ganzes Haus, und müsse nicht aufhören im Hause Joabs, der einen Eiterfluß und Aussatz habe und am Stabe gehe und durchs Schwert falle und an Brot Mangel habe.

30 Also erwürgten Joab und Abisai Abner, darum daß er ihren Bruder Asahel getötet hatte im Streit zu Gibeon.

31 David aber sprach zu Joab und allem Volk, das mit ihm war: Zerreißt eure Kleider und gürtet Säcke um euch und tragt Leid um Abner! Und

der König ging dem Sarge nach.

32 Und da sie Abner begruben zu Hebron, hob der König seine Stimme auf und weinte bei dem Grabe Abners, und weinte auch alles Volk.

33 Und der König klagte um Abner und sprach: Mußte Abner sterben, wie ein Ruchloser stirbt?

34 Deine Hände waren nicht gebunden, deine Füße waren nicht in Fesseln gesetzt; du bist gefallen, wie man vor bösen Buben fällt. Da beweinte ihn alles Volk noch mehr.

35 Da nun alles Volk hineinkam, mit David zu essen, da es noch hoch am Tage war, schwur David und sprach: Gott tue mir dies und das, wo ich Brot esse oder etwas koste, ehe die Sonne untergeht.

36 Und alles Volk erkannte es, und gefiel ihnen auch wohl, wie alles, was der König tat, dem ganzen Volke wohl gefiel;

37 und alles Volk und ganz Israel merkten des Tages, daß es nicht vom König war, daß Abner, der Sohn Ners, getötet ward.

38 Und der König sprach zu seinen Knechten: Wisset ihr nicht, daß auf diesen Tag ein Fürst und Großer gefallen ist in Israel?

39 Ich aber bin noch zart und erst gesalbt zum König. Aber die Männer, die Kinder der Zeruja, sind mir verdrießlich. Der HERR vergelte dem, der Böses tut, nach seiner Bosheit.

Das 2. Buch Samuel

4. Kapitel

Is-Boseth wird ermordet. David rächt seinen Tod.

1 Da aber der Sohn Sauls hörte, daß Abner zu Hebron tot wäre, wurden seine Hände laß, und ganz Israel erschrak.

2 Es waren aber zwei Männer, Hauptleute der streifenden Rotten unter dem Sohn Sauls; einer hieß Baana, der andere Rechab, Söhne Rimmons, des Beerothiters, aus den Kindern Benjamin. (Denn Beeroth ward auch unter Benjamin gerechnet;

3 und die Beerothiter waren geflohen gen Gitthaim und wohnten daselbst gastweise bis auf den heutigen Tag.)

4 Auch hatte Jonathan, der Sohn Sauls, einen Sohn, der war lahm an den Füßen, und war fünf Jahre alt, da das Geschrei von Saul und Jonathan aus Jesreel kam und seine Amme ihn aufhob und floh; und indem sie eilte und floh, fiel er und ward hinkend; und er hieß Mephiboseth.

5 So gingen nun hin die Söhne Rimmons, des Beerothiters, Rechab und Baana, und kamen zum Hause Is-Boseths, da der Tag am heißesten war; und er lag auf seinem Lager am Mittag.

6 Und sie kamen ins Haus, Weizen zu holen, und stachen ihn in den Bauch und entrannen.

7 Denn da sie ins Haus kamen, lag er auf seinem Bette in seiner Schlafkammer; und sie stachen ihn tot und hieben ihm den Kopf ab und

nahmen seinen Kopf und gingen hin des Weges auf dem Blachfelde die ganze Nacht

8 und brachten das Haupt Is-Boseths zu David gen Hebron und sprachen zum König: Siehe, da ist das Haupt Is-Boseths, Sauls Sohnes, deines Feindes, der nach deiner Seele stand; der HERR hat heute meinen Herrn, den König, gerächt an Saul und an seinem Samen.

9 Da antwortete ihnen David: So wahr der HERR lebt, der meine Seele aus aller Trübsal erlöst hat,

10 ich griff den, der mir verkündigte und sprach: Saul ist tot! und meinte, er wäre ein guter Bote, und erwürgte ihn zu Ziklag, dem ich sollte Botenlohn geben.

11 Und diese gottlosen Leute haben einen gerechten Mann in seinem Hause auf seinem Lager erwürgt. Ja, sollte ich das Blut nicht fordern von euren Händen und euch von der Erde tun?

12 Und David gebot seinen Jünglingen; die erwürgten sie und hieben ihre Hände und Füße ab und hingen sie auf am Teich zu Hebron. Aber das Haupt Is-Boseths nahmen sie und begruben's in Abners Grab zu Hebron.

5. Kapitel

Die übrigen Stämme salben David.
Jerusalem erobert. Daniels Haus und Siege.

1 Und es kamen alle Stämme Israels zu David

gen Hebron und sprachen: Siehe, wir sind deines Gebeins und deines Fleisches.

2 Dazu auch vormals, da Saul über uns König war, führtest du Israel aus und ein. So hat der HERR dir gesagt: Du sollst mein Volk Israel hüten und sollst ein Herzog sein über Israel.

3 Und es kamen alle Ältesten in Israel zum König gen Hebron. Und der König David machte mit ihnen einen Bund zu Hebron vor dem HERRN, und sie salbten David zum König über Israel.

4 Dreißig Jahre war David alt, da er König ward, und regierte vierzig Jahre.

5 Zu Hebron regierte er sieben Jahre und sechs Monate über Juda; aber zu Jerusalem regierte er dreiunddreißig Jahre über ganz Israel und Juda.

6 Und der König zog hin mit seinen Männern gen Jerusalem wider die Jebusiter, die im Lande wohnten. Sie aber sprachen zu David: Du wirst nicht hier hereinkommen, sondern Blinde und Lahme werden dich abtreiben. Damit meinten sie aber, daß David nicht würde dahinein kommen.

7 David aber gewann die Burg Zion, das ist Davids Stadt.

8 Da sprach David desselben Tages: Wer die Jebusiter schlägt und erlangt die Dachrinnen, die Lahmen und die Blinden, denen die Seele Davids feind ist...! Daher spricht man: Laß keinen Blinden und Lahmen ins Haus kommen. [Da sprach David an jenem Tage: Wer die Jebusiter

schlägt und den Schacht erreicht und die Lahmen und Blinden erschlägt, die David in der Seele verhasst sind, der soll Hauptmann und Oberster sein. Da stieg Joab, der Sohn der Zeruja, zuerst hinauf und wurde Hauptmann. Daher spricht man: Lass keinen Blinden und Lahmen ins Haus! (2)]

9 Also wohnte David auf der Burg und hieß sie Davids Stadt. Und David baute ringsumher von Millo an einwärts.

10 Und David nahm immer mehr zu, und der HERR, der Gott Zebaoth, war mit ihm.

11 Und Hiram, der König zu Tyrus sandte Boten zu David und Zedernbäume und Zimmerleute und Steinmetzen, daß sie David ein Haus bauten.

12 Und David merkte, daß ihn der HERR zum König über Israel bestätigt hatte und sein Königreich erhöht um seines Volks Israel willen.

13 Und David nahm noch mehr Weiber und Kebsweiber zu Jerusalem, nachdem er von Hebron gekommen war; und wurden ihm noch mehr Söhne und Töchter geboren.

14 Und das sind die Namen derer, die ihm zu Jerusalem geboren sind: Sammua, Sobab, Nathan, Salomo,

15 Jibhar, Elisua, Nepheg, Japhia,

16 Elisama, Eljada, Eliphelet.

17 Und da die Philister hörten, daß man David zum König über Israel gesalbt hatte, zogen sie alle herauf, David zu suchen. Da das David erfuhr, zog er hinab in eine Burg.

18 Aber die Philister kamen und ließen sich nieder im Grunde Rephaim.

19 Und David fragte den HERRN und sprach: Soll ich hinaufziehen wider die Philister? und willst du sie in meine Hand geben? Der HERR sprach zu David: Zieh hinauf! ich will die Philister in deine Hände geben.

20 Und David kam gen Baal-Perazim und schlug sie daselbst und sprach: Der HERR hat meine Feinde vor mir voneinander gerissen, wie die Wasser reißen. Daher hieß man den Ort Baal-Perazim.

21 Und sie ließen ihre Götzen daselbst; David aber und seine Männer hoben sie auf.

22 Die Philister aber zogen abermals herauf und ließen sich nieder im Grunde Rephaim.

23 Und David fragte den HERRN; der sprach: Du sollst nicht hinaufziehen, sondern komm von hinten zu ihnen, daß du an sie kommst gegenüber den Maulbeerbäumen.

24 Und wenn du hörst das Rauschen auf den Wipfeln der Maulbeerbäume einhergehen, so eile; denn der HERR ist dann ausgegangen vor dir her, zu schlagen das Heer der Philister.

25 David tat, wie ihm der HERR geboten hatte, und schlug die Philister von Geba an, bis man kommt gen Geser.

Das 2. Buch Samuel

6. Kapitel

Abholung der Bundeslade nach Jerusalem. Michals Spott.

1 Und David sammelte abermals alle junge Mannschaft in Israel, dreißigtausend,

2 und machte sich auf und ging hin mit allem Volk, das bei ihm war, gen Baal in Juda, daß er die Lade Gottes von da heraufholte, deren Name heißt: Der Name des HERRN Zebaoth wohnt darauf über den Cherubim.

3 Und sie ließen die Lade Gottes führen auf einen neuen Wagen und holten sie aus dem Hause Abinadabs, der auf dem Hügel wohnte. Usa aber und Ahjo, die Söhne Abinadabs, trieben den neuen Wagen.

4 Und da sie ihn mit der Lade Gottes aus dem Hause Abinadabs führten, der auf einem Hügel wohnte, und Ahjo vor der Lade her ging,

5 spielte David und das ganze Haus Israel vor dem HERRN her mit allerlei Saitenspiel von Tannenholz, mit Harfen und Psaltern und Pauken und Schellen und Zimbeln.

6 Und da sie kamen zur Tenne Nachons, griff Usa zu und hielt die Lade Gottes; denn die Rinder traten beiseit aus.

7 Da ergrimmte des HERRN Zorn über Usa, und Gott schlug ihn daselbst um seines Frevels willen, daß er daselbst starb bei der Lade Gottes.

8 Da ward David betrübt, daß der HERR den Usa so wegriß, und man hieß die Stätte Perez-Usa bis auf diesen Tag.

9 Und David fürchtete sich vor dem HERRN des Tages und sprach: Wie soll die Lade des HERRN zu mir kommen?

10 Und wollte sie nicht lassen zu sich bringen in die Stadt Davids, sondern ließ sie bringen ins Haus Obed-Edoms, des Gathiters.

11 Und da die Lade des HERRN drei Monate blieb im Hause Obed-Edoms, des Gathiters, segnete ihn der HERR und sein ganzes Haus.

12 Und es ward dem König David angesagt, daß der HERR das Haus Obed-Edoms segnete und alles, was er hatte, um der Lade Gottes willen. Da ging er hin und holte die Lade Gottes aus dem Hause Obed-Edoms herauf in die Stadt Davids mit Freuden.

13 Und da sie einhergegangen waren mit der Lade des HERRN sechs Gänge, opferte man einen Ochsen und ein fettes Schaf.

14 Und David tanzte mit aller Macht vor dem HERR her und war begürtet mit einem leinenen Leibrock.

15 Und David samt dem ganzen Israel führten die Lade des HERRN herauf mit Jauchzen und Posaunen.

16 Und da die Lade des HERRN in die Stadt Davids kam, sah Michal, die Tochter Sauls, durchs Fenster und sah den König David springen und tanzen vor dem HERRN und

verachtete ihn in ihrem Herzen.

17 Da sie aber die Lade des HERRN hereinbrachten, stellten sie die an ihren Ort mitten in der Hütte, die David für sie hatte aufgeschlagen. Und David opferte Brandopfer und Dankopfer vor dem HERRN.

18 Und da David hatte ausgeopfert die Brandopfer und Dankopfer, segnete er das Volk in dem Namen des HERRN Zebaoth

19 und teilte aus allem Volk, der ganzen Menge Israels, sowohl Mann als Weib, einem jeglichen einen Brotkuchen und ein Stück Fleisch und ein halbes Maß Wein. Da kehrte alles Volk heim, ein jeglicher in sein Haus.

20 Da aber David wiederkam sein Haus zu grüßen, ging Michal, die Tochter Sauls, heraus ihm entgegen und sprach: Wie herrlich ist heute der König von Israel gewesen, der sich vor den Mägden seiner Knechte entblößt hat, wie sich die losen Leute entblößen!

21 David aber sprach zu Michal: Ich will vor dem HERRN spielen, der mich erwählt hat vor deinem Vater und vor allem seinem Hause, daß er mir befohlen hat, ein Fürst zu sein über das Volk des HERRN, über Israel,

22 Und ich will noch geringer werden denn also und will niedrig sein in meinen Augen, und mit den Mägden, von denen du geredet hast, zu Ehren kommen.

23 Aber Michal, Sauls Tochter, hatte kein Kind bis an den Tag ihres Todes.

7. Kapitel

*David will einen Tempel bauen
und empfängt die Verheißung von dem ewigen
Königreich seines Samens. Sein Gebet.*

1 Da nun der König in seinem Hause saß und der HERR ihm Ruhe gegeben hatte von allen seinen Feinden umher,

2 sprach er zu dem Propheten Nathan: Siehe, ich wohne in einem Zedernhause, und die Lade Gottes wohnt unter den Teppichen.

3 Nathan sprach zu dem König: Gehe hin; alles, was du in deinem Herzen hast, das tue, denn der HERR ist mit dir.

4 Des Nachts aber kam das Wort des HERRN zu Nathan und sprach:

5 Gehe hin und sage meinem Knechte David: So spricht der HERR: Solltest du mir ein Haus bauen, daß ich darin wohne?

6 Habe ich doch in keinem Hause gewohnt seit dem Tage, da ich die Kinder Israel aus Ägypten führte, bis auf diesen Tag, sondern ich habe gewandelt in der Hütte und Wohnung.

7 Wo ich mit allen Kinder Israel hin wandelte, habe ich auch je geredet mit irgend der Stämme Israels einem, dem ich befohlen habe, mein Volk Israel zu weiden, und gesagt: Warum baut ihr mir nicht ein Zedernhaus?

8 So sollst du nun so sagen meinem Knechte David: So spricht der HERR Zebaoth: Ich habe

dich genommen von den Schafhürden, daß du sein solltest ein Fürst über mein Volk Israel,

9 und bin mit dir gewesen, wo du hin gegangen bist, und habe alle deine Feinde vor dir ausgerottet und habe dir einen großen Namen gemacht wie der Name der Großen auf Erden.

10 Und ich will meinem Volk Israel einen Ort setzen und will es pflanzen, daß es daselbst wohne und nicht mehr in der Irre gehe, und es Kinder der Bosheit nicht mehr drängen wie vormals und seit der Zeit, daß ich Richter über mein Volk Israel verordnet habe;

11 und will Ruhe geben von allen deinen Feinden. Und der HERR verkündigt dir, daß der HERR dir ein Haus machen will.

12 Wenn nun deine Zeit hin ist, daß du mit deinen Vätern schlafen liegst, will ich deinen Samen nach dir erwecken, der von deinem Leibe kommen soll; dem will ich sein Reich bestätigen.

13 Der soll meinem Namen ein Haus bauen, und ich will den Stuhl seines Königreichs bestätigen ewiglich.

14 Ich will sein Vater sein, und er soll mein Sohn sein. Wenn er eine Missetat tut, will ich ihn mit Menschenruten und mit der Menschenkinder Schlägen strafen;

15 aber meine Barmherzigkeit soll nicht von ihm entwandt werden, wie ich sie entwandt habe von Saul, den ich vor dir habe weggenommen.

16 Aber dein Haus und dein Königreich soll

beständig sein ewiglich vor dir, und dein Stuhl soll ewiglich bestehen.

17 Da Nathan alle diese Worte und all dies Gesicht David gesagt hatte,

18 kam David, der König, und blieb vor dem Herrn und sprach: Wer bin ich, HERR HERR, und was ist mein Haus, daß du mich bis hierher gebracht hast? [17 Nachdem Nathan diesen Worten und dieser Offenbarung genau entsprechend zu David geredet hatte,

18 ging der König David (in das Gotteszelt) hinein, warf sich vor dem HERRN nieder und betete: »Wer bin ich, HERR mein Gott, und was ist mein Haus, daß du mich bis hierher gebracht hast! (3)]

19 Dazu hast du das zu wenig geachtet HERR HERR, sondern hast dem Hause deines Knechts noch von fernem Zukünftigem geredet, und das nach Menschenweise, HERR HERR!

20 Und was soll David mehr reden mit dir? Du erkennst deinen Knecht, HERR HERR!

21 Um deines Wortes willen und nach deinem Herzen hast du solche großen Dinge alle getan, daß du sie deinem Knecht kundtätest.

22 Darum bist du auch groß geachtet, HERR, Gott; denn es ist keiner wie du und ist kein Gott als du, nach allem, was wir mit unsern Ohren gehört haben.

23 Denn wo ist ein Volk auf Erden wie dein Volk Israel, um welches willen Gott ist hingegangen, sich ein Volk zu erlösen und sich

einen Namen zu machen und solch große und schreckliche Dinge zu tun in deinem Lande vor deinem Volk, welches du dir erlöst hast von Ägypten, von den Heiden und ihren Göttern?

24 Und du hast dir dein Volk Israel zubereitet, dir zum Volk in Ewigkeit; und du, HERR, bist ihr Gott geworden.

25 So bekräftige nun, HERR, Gott, das Wort in Ewigkeit, das du über deinen Knecht und über sein Haus geredet hast, und tue, wie du geredet hast!

26 So wird dein Name groß werden in Ewigkeit, daß man wird sagen: Der HERR Zebaoth ist der Gott über Israel, und das Haus deines Knechtes David wird bestehen vor dir.

27 Denn du, HERR Zebaoth, du Gott Israels, hast das Ohr deines Knechts geöffnet und gesagt: Ich will dir ein Haus bauen. Darum hat dein Knecht sein Herz gefunden, daß er dieses Gebet zu dir betet.

28 Nun, HERR HERR, du bist Gott, und deine Worte werden Wahrheit sein. Du hast solches Gute über deinen Knecht geredet.

29 So hebe nun an und segne das Haus deines Knechtes, daß es ewiglich vor dir sei; denn du, HERR HERR, hast's geredet, und mit deinem Segen wird deines Knechtes Haus gesegnet ewiglich.

Das 2. Buch Samuel

8. Kapitel

*Davids Siege und Schätze.
Bestellung der Ämter.*

1 Und es begab sich darnach, daß David die Philister schlug und schwächte sie und nahm den Dienstzaum von der Philister Hand.

2 Er schlug auch die Moabiter also zu Boden, daß er zwei Teile zum Tode brachte und einen Teil am Leben ließ. Also wurden die Moabiter David untertänig, daß sie ihm Geschenke zutrugen.

3 David schlug auch Hadadeser, den Sohn Rehobs, König zu Zoba, da er hinzog, seine Macht wieder zu holen an dem Wasser Euphrat.

4 Und David fing aus ihnen tausendundsiebenhundert Reiter und zwanzigtausend Mann Fußvolk und verlähmte alle Rosse der Wagen und behielt übrig hundert Wagen.

5 Es kamen aber die Syrer von Damaskus, zu helfen Hadadeser, dem König zu Zoba; und David schlug der Syrer zweiundzwanzigtausend Mann

6 und legte Volk in das Syrien von Damaskus. Also ward Syrien David untertänig, daß sie ihm Geschenke zutrugen. Denn der HERR half David, wo er hin zog.

7 Und David nahm die goldenen Schilde, die Hadadesers Knechte gehabt hatten, und brachte sie gen Jerusalem.

8 Aber von Betah und Berothai, den Städten Hadadesers, nahm der König David sehr viel Erz.

9 Da aber Thoi, der König zu Hamath, hörte, daß David hatte alle Macht des Hadadesers geschlagen,

10 sandte er Joram, seinen Sohn, zu David, ihn freundlich zu grüßen und ihn zu segnen, daß er wider Hadadeser gestritten und ihn geschlagen hatte (denn Thoi hatte einen Streit mit Hadadeser): und er hatte mit sich silberne, goldene und eherne Kleinode,

11 welche der König David auch dem HERR heiligte samt dem Silber und Gold, das er heiligte von allen Heiden, die er unter sich gebracht;

12 von Syrien, von Moab, von den Kindern Ammon, von den Philistern, von Amalek, von der Beute Hadadesers, des Sohnes Rehobs, König zu Zoba.

13 Auch machte sich David einen Namen da er wiederkam von der Syrer Schlacht und schlug im Salztal achtzehntausend Mann,

14 und legte Volk in ganz Edom, und ganz Edom war David unterworfen; denn der HERR half David, wo er hin zog.

15 Also war David König über ganz Israel, und schaffte Recht und Gerechtigkeit allem Volk.

16 Joab, der Zeruja Sohn, war über das Heer; Josaphat aber, der Sohn Ahiluds war Kanzler;

Das 2. Buch Samuel

17 Zadok, der Sohn Ahitobs, und Ahimelech, der Sohn Abjathars, waren Priester; Seraja war Schreiber;

18 Benaja, der Sohn Jojadas, war über die Krether und Plether, und die Söhne Davids waren Priester.

9. Kapitel

Guttätigkeit Davids gegen Mephiboseth.

1 Und David sprach: Ist auch noch jemand übriggeblieben von dem Hause Sauls, daß ich Barmherzigkeit an ihm tue um Jonathans willen?

2 Es war aber ein Knecht vom Hause Sauls, der hieß Ziba; den riefen sie zu David. Und der König sprach zu ihm: Bist du Ziba? Er sprach: Ja, dein Knecht.

3 Der König sprach: Ist noch jemand vom Hause Sauls, daß ich Gottes Barmherzigkeit an ihm tue? Ziba sprach: Es ist noch da ein Sohn Jonathans, lahm an den Füßen.

4 Der König sprach zu ihm: Wo ist er? Ziba sprach zum König: Siehe, er ist zu Lo-Dabar im Hause Machirs, des Sohnes Ammiels.

5 Da sandte der König David hin und ließ ihn holen von Lo-Dabar aus dem Hause Machirs, des Sohnes Ammiels.

6 Da nun Mephiboseth, der Sohn Jonathans, des Sohnes Sauls, zu David kam, fiel er auf sein

Angesicht und beugte sich nieder. David aber sprach: Mephiboseth! Er sprach: Hier bin ich, dein Knecht.

7 David sprach zu ihm: Fürchte dich nicht; denn ich will Barmherzigkeit an dir tun um Jonathans, deines Vaters, willen und will dir allen Acker deines Vaters Saul wiedergeben; du sollst aber täglich an meinem Tisch das Brot essen.

8 Er aber fiel nieder und sprach: Wer bin ich, dein Knecht, daß du dich wendest zu einem toten Hunde, wie ich bin?

9 Da rief der König Ziba, den Diener Sauls, und sprach zu ihm: Alles, was Saul gehört hat und seinem ganzen Hause, habe ich dem Sohn deines Herrn gegeben.

10 So arbeite ihm nun seinen Acker, du und deine Kinder und Knechte, und bringe es ein, daß es das Brot sei des Sohnes deines Herrn, daß er sich nähre; aber Mephiboseth, deines Herrn Sohn, soll täglich das Brot essen an meinem Tisch. Ziba aber hatte fünfzehn Söhne und zwanzig Knechte.

11 Und Ziba sprach zum König: Alles, wie mein Herr, der König, seinem Knecht geboten hat, so soll dein Knecht tun. Und Mephiboseth (sprach David) esse an meinem Tisch wie der Königskinder eins.

12 Und Mephiboseth hatte einen kleinen Sohn, der hieß Micha. Aber alles, was im Hause Zibas wohnte, das diente Mephiboseth.

13 Mephiboseth aber wohnte zu Jerusalem;

denn er aß täglich an des Königs Tisch, und er hinkte mit seinen beiden Füßen.

10. Kapitel

Die Ammoniter verhöhnen Davids Gesandte und werden samt ihrer Hilfsvölker geschlagen.

1 Und es begab sich darnach, daß der König der Kinder Ammon starb, und sein Sohn Hanun ward König an seiner Statt.

2 Da sprach David: Ich will Barmherzigkeit tun an Hanun, dem Sohn Nahas, wie sein Vater an mir Barmherzigkeit getan hat. Und sandte hin und ließ ihn trösten durch seine Knechte über seinen Vater. Da nun die Knechte Davids ins Land der Kinder Ammon kamen,

3 sprachen die Gewaltigen der Kinder Ammon zu ihrem Herrn, Hanun: Meinst du, daß David deinen Vater ehren wolle, daß er Tröster zu dir gesandt hat? Meinst du nicht, daß er darum hat seine Knechte zu dir gesandt, daß er die Stadt erforsche und erkunde und umkehre?

4 Da nahm Hanun die Knechte David und schor ihnen den Bart halb und schnitt ihnen die Kleider halb ab bis an den Gürtel und ließ sie gehen.

5 Da das David ward angesagt, sandte er ihnen entgegen; denn die Männer waren sehr geschändet. Und der König ließ ihnen sagen: Bleibt zu Jericho, bis euer Bart gewachsen; so

kommt dann wieder.

6 Da aber die Kinder Ammon sahen, daß sie vor David stinkend geworden waren, sandten sie hin und dingten die Syrer des Hauses Rehob und die Syrer zu Zoba, zwanzigtausend Mann Fußvolk, und von dem König Maachas tausend Mann und von Is-Tob zwölftausend Mann.

7 Da das David hörte, sandte er Joab mit dem ganzen Heer der Kriegsleute.

8 Und die Kinder Ammon zogen aus und rüsteten sich zum Streit vor dem Eingang des Tors. Die Syrer aber von Zoba, von Rehob, von Is-Tob und von Maacha waren allein im Felde.

9 Da Joab nun sah, daß der Streit auf ihn gestellt war vorn und hinten, erwählte er aus aller jungen Mannschaft in Israel und stellte sich wider die Syrer.

10 Und das übrige Volk tat er unter die Hand seines Bruders Abisai, daß er sich rüstete wider die Kinder Ammon,

11 und sprach: Werden mir die Syrer überlegen sein, so komm mir zu Hilfe; werden aber die Kinder Ammon dir überlegen sein, so will ich dir zu Hilfe kommen.

12 Sei getrost und laß uns stark sein für unser Volk und für die Städte unsers Gottes; der HERR aber tue, was ihm gefällt.

13 Und Joab machte sich herzu mit dem Volk, das bei ihm war, zu streiten wider die Syrer; und sie flohen vor ihm.

14 Und da die Kinder Ammon sahen, daß die

Syrer flohen, flohen sie auch vor Abisai und zogen in die Stadt. Also kehrte Joab um von den Kindern Ammon und kam gen Jerusalem.

15 Und da die Syrer sahen, daß sie geschlagen waren vor Israel, kamen sie zuhauf.

16 Und Hadadeser sandte hin und brachte heraus die Syrer jenseit des Stromes und führte herein ihre Macht; und Sobach, der Feldhauptmann Hadadesers, zog vor ihnen her.

17 Da das David ward angesagt, sammelte er zuhauf das ganze Israel und zog über den Jordan und kam gen Helam. Und die Syrer stellten sich wider David, mit ihm zu streiten.

18 Aber die Syrer flohen vor Israel. Und David verderbte der Syrer siebenhundert Wagen und vierzigtausend Reiter; dazu Sobach, den Feldhauptmann, schlug er, daß er daselbst starb.

19 Da aber die Könige, die unter Hadadeser waren, sahen, daß sie geschlagen waren vor Israel, machten sie Frieden mit Israel und wurden ihnen untertan. Und die Syrer fürchteten sich, den Kindern Ammon mehr zu helfen.

11. Kapitel

Davids Ehebruch und Blutschuld.

1 Und da das Jahr um kam, zur Zeit, wann die Könige pflegen auszuziehen, sandte David Joab und seine Knechte mit ihm das ganze Israel, daß

sie die Kinder Ammon verderbten und Rabba belagerten. David aber blieb zu Jerusalem.

2 Und es begab sich, daß David um den Abend aufstand von seinem Lager und ging auf dem Dach des Königshauses und sah vom Dach ein Weib sich waschen; und das Weib war sehr schöner Gestalt.

3 Und David sandte hin und ließ nach dem Weibe fragen, und man sagte: Ist das nicht Bath-Seba, die Tochter Eliams, das Weib des Urias, des Hethiters?

4 Und David sandte Boten hin und ließ sie holen. Und da sie zu ihm hineinkam, schlief er bei ihr. Sie aber reinigte sich von ihrer Unreinigkeit und kehrte wieder zu ihrem Hause.

5 Und das Weib ward schwanger und sandte hin und ließ David verkündigen und sagen: Ich bin schwanger geworden.

6 David aber sandte zu Joab: Sende zu mir Uria, den Hethiter. Und Joab sandte Uria zu David.

7 Und da Uria zu ihm kam, fragte David, ob es mit Joab und mit dem Volk und mit dem Streit wohl stünde?

8 Und David sprach zu Uria: Gehe hinab in dein Haus und wasche deine Füße. Und da Uria zu des Königs Haus hinausging, folgte ihm nach des Königs Geschenk.

9 Aber Uria legte sich schlafen vor der Tür des Königshauses, da alle Knechte seines Herrn lagen, und ging nicht hinab in sein Haus.

10 Da man aber David ansagte: Uria ist nicht

hinab in sein Haus gegangen, sprach David zu ihm: Bist du nicht über Feld hergekommen? Warum bist du nicht hinab in dein Haus gegangen?

11 Uria aber sprach zu David: Die Lade und Israel und Juda bleiben in Zelten, und Joab, mein Herr, und meines Herrn Knechte liegen im Felde, und ich sollte in mein Haus gehen, daß ich äße und tränke und bei meinem Weibe läge? So wahr du lebst und deine Seele lebt, ich tue solches nicht.

12 David sprach zu Uria: So bleibe auch heute hier; morgen will ich dich lassen gehen. So blieb Uria zu Jerusalem des Tages und des andern dazu.

13 Und David lud ihn, daß er vor ihm aß und trank, und machte ihn trunken. Aber des Abends ging er aus, daß er sich schlafen legte auf sein Lager mit seines Herrn Knechten, und ging nicht hinab in sein Haus.

14 Des Morgens schrieb David einen Brief an Joab und sandte ihn durch Uria.

15 Er schrieb aber also in den Brief: Stellt Uria an den Streit, da er am härtesten ist, und wendet euch hinter ihm ab, daß er erschlagen werde und sterbe.

16 Als nun Joab um die Stadt lag, stellte er Uria an den Ort, wo er wußte, daß streitbare Männer waren.

17 Und da die Männer der Stadt herausfielen und stritten wider Joab, fielen etliche des Volks

von den Knechten Davids, und Uria, der Hethiter, starb auch.

18 Da sandte Joab hin und ließ David ansagen allen Handel des Streits

19 und gebot dem Boten und sprach: Wenn du allen Handel des Streits hast ausgeredet mit dem König

20 und siehst, daß der König sich erzürnt und zu dir spricht: Warum habt ihr euch so nahe zur Stadt gemacht mit dem Streit? Wißt ihr nicht, wie man pflegt von der Mauer zu schießen?

21 Wer schlug Abimelech, den Sohn Jerubbeseths? Warf nicht ein Weib einen Mühlstein auf ihn von der Mauer, daß er starb zu Thebez? Warum habt ihr euch so nahe zur Mauer gemacht? so sollst du sagen: Dein Knecht Uria, der Hethiter, ist auch tot.

22 Der Bote ging hin und kam und sagte an David alles, darum ihn Joab gesandt hatte.

23 Und der Bote sprach zu David: Die Männer nahmen überhand wider uns und fielen zu uns heraus aufs Feld; wir aber waren an ihnen bis vor die Tür des Tors;

24 und die Schützen schossen von der Mauer auf deine Knechte und töteten etliche von des Königs Knechten; dazu ist Uria, der Hethiter, auch tot.

25 David sprach zum Boten: So sollst du zu Joab sagen: Laß dir das nicht übel gefallen; denn das Schwert frißt jetzt diesen, jetzt jenen. Fahre fort mit dem Streit wider die Stadt, daß du sie

zerbrechest, und seid getrost.

26 Und da Urias Weib hörte, daß ihr Mann, Uria, tot war, trug sie Leid um ihren Eheherrn.

27 Da sie aber ausgetrauert hatte, sandte David hin und ließ sie in sein Haus holen, und sie ward sein Weib und gebar ihm einen Sohn. Aber die Tat gefiel dem HERRN übel, die David tat.

12. Kapitel

Nathans Bußpredigt; David bekennt seine Sünde und empfängt Vergebung. Salomos Geburt. Eroberung von Rabba.

1 Und der HERR sandte Nathan zu David. Da der zu ihm kam, sprach er zu ihm: Es waren zwei Männer in einer Stadt, einer reich, der andere arm.

2 Der Reiche hatte sehr viele Schafe und Rinder;

3 aber der Arme hatte nichts denn ein einziges kleines Schäflein, das er gekauft hatte. Und er nährte es, daß es groß ward bei ihm und bei seinen Kindern zugleich: es aß von seinem Bissen und trank von seinem Becher und schlief in seinem Schoß, und er hielt es wie eine Tochter.

4 Da aber zu dem reichen Mann ein Gast kam, schonte er zu nehmen von seinen Schafen und Rindern, daß er dem Gast etwas zurichtete, der

zu ihm gekommen war, und nahm das Schaf des armen Mannes und richtete es zu dem Mann, der zu ihm gekommen war.

5 Da ergrimmte David mit großem Zorn wider den Mann und sprach zu Nathan: So wahr der HERR lebt, der Mann ist ein Kind des Todes, der das getan hat!

6 Dazu soll er vierfältig bezahlen, darum daß er solches getan hat und nicht geschont hat.

7 Da sprach Nathan zu David: Du bist der Mann! So spricht der HERR, der Gott Israels: Ich habe dich zum König gesalbt über Israel und habe dich errettet aus der Hand Sauls,

8 und habe dir deines Herrn Haus gegeben, dazu seine Weiber in deinen Schoß, und habe dir das Haus Israel und Juda gegeben; und ist das zu wenig, will ich noch dies und das dazutun.

9 Warum hast du denn das Wort des HERRN verachtet, daß du solches Übel vor seinen Augen tatest? Uria, den Hethiter, hast du erschlagen mit dem Schwert; sein Weib hast du dir zum Weib genommen; ihn aber hast du erwürgt mit dem Schwert der Kinder Ammon.

10 Nun so soll von deinem Hause das Schwert nicht lassen ewiglich, darum daß du mich verachtet hast und das Weib Urias, des Hethiters, genommen hast, daß sie dein Weib sei.

11 So spricht der HERR: Siehe, ich will Unglück über dich erwecken aus deinem eigenen Hause

und will deine Weiber nehmen vor deinen Augen und will sie deinem Nächsten geben, daß er bei deinen Weibern schlafen soll an der lichten Sonne.

12 Denn du hast es heimlich getan; ich aber will dies tun vor dem ganzen Israel und an der Sonne.

13 Da sprach David zu Nathan: Ich habe gesündigt wider den HERRN. Nathan sprach zu David: So hat auch der HERR deine Sünde weggenommen; du wirst nicht sterben.

14 Aber weil du die Feinde des HERRN hast durch diese Geschichte lästern gemacht, wird der Sohn, der dir geboren ist, des Todes sterben.

15 Und Nathan ging heim. Und der HERR schlug das Kind, das Urias Weib David geboren hatte, daß es todkrank ward.

16 Und David suchte Gott um des Knäbleins willen und fastete und ging hinein und lag über Nacht auf der Erde.

17 Da standen auf die Ältesten seines Hauses und wollten ihn aufrichten von der Erde; er wollte aber nicht und aß auch nicht mit ihnen.

18 Am siebenten Tage aber starb das Kind. Und die Knechte Davids fürchteten sich ihm anzusagen, daß das Kind tot wäre; denn sie gedachten: Siehe, da das Kind noch lebendig war, redeten wir mit ihm, und er gehorchte unsrer Stimme nicht; wie viel mehr wird er sich wehe tun, so wir sagen: Das Kind ist tot.

19 Da aber David sah, daß seine Knechte leise redeten, und merkte, daß das Kind tot wäre, sprach er zu seinen Knechten: Ist das Kind tot? Sie sprachen: Ja.

20 Da stand David auf von der Erde und wusch sich und salbte sich und tat andere Kleider an und ging in das Haus des HERRN und betete an. Und da er wieder heimkam, hieß er ihm Brot auftragen und aß.

21 Da sprachen seine Knechte zu ihm: Was ist das für ein Ding, das du tust? Da das Kind lebte, fastetest du und weintest; aber nun es gestorben ist, stehst du auf und ißt?

22 Er sprach: Um das Kind fastete ich und weinte, da es lebte; denn ich gedachte: Wer weiß, ob mir der HERR nicht gnädig wird, daß das Kind lebendig bleibe.

23 Nun es aber tot ist, was soll ich fasten? Kann ich es auch wiederum holen? Ich werde wohl zu ihm fahren; es kommt aber nicht zu mir.

24 Und da David sein Weib Bath-Seba getröstet hatte, ging er zu ihr hinein und schlief bei ihr. Und sie gebar ihm einen Sohn, den hieß er Salomo. Und der HERR liebte ihn.

25 Und er tat ihn unter die Hand Nathans, des Propheten; der hieß ihn Jedidja, um des HERRN willen.

26 So stritt nun Joab wider Rabba der Kinder Ammon königliche Stadt

27 und sandte Boten zu David und ließ ihm sagen: Ich habe gestritten wider Rabba und

habe auch gewonnen die Wasserstadt.

28 So nimm nun zuhauf das übrige Volk und belagere die Stadt und gewinne sie, auf daß ich sie nicht gewinne und ich den Namen davon habe.

29 Also nahm David alles Volk zuhauf und zog hin und stritt wider Rabba und gewann es

30 und nahm die Krone seines Königs von seinem Haupt, die am Gewicht einen Zentner Gold hatte und Edelgesteine, und sie ward David auf sein Haupt gesetzt; und er führte aus der Stadt sehr viel Beute.

31 Aber das Volk drinnen führte er heraus und legte sie unter eiserne Sägen und Zacken und eiserne Keile und verbrannte sie in Ziegelöfen. So tat er allen Städten der Kinder Ammon. Da kehrte David und alles Volk wieder gen Jerusalem.

13. Kapitel

Ammons Sünde und Tod. Absloms Flucht.

1 Und es begab sich darnach, daß Absalom, der Sohn Davids, hatte eine schöne Schwester, die hieß Thamar; und Amnon, der Sohn Davids, gewann sie lieb.

2 Und dem Amnon ward wehe, als wollte er krank werden um Thamars, seiner Schwester, willen. Denn sie war eine Jungfrau, und es

deuchte Amnon schwer sein, daß er ihr etwas sollte tun.

3 Amnon aber hatte einen Freund, der hieß Jonadab, ein Sohn Simeas, Davids Bruders; und derselbe Jonadab war ein sehr weiser Mann.

4 Der sprach zu ihm: Warum wirst du so mager, du Königssohn, von Tag zu Tag? Magst du mir's nicht ansagen? Da sprach Amnon zu ihm: Ich habe Thamar, meines Bruders Absalom Schwester, liebgewonnen.

5 Jonadab sprach zu ihm: Lege dich auf dein Bett und stelle dich krank. Wenn dann dein Vater kommt, dich zu besuchen, so sprich zu ihm: Laß doch meine Schwester Thamar kommen, daß sie mir zu essen gebe und mache vor mir das Essen, daß ich zusehe und von ihrer Hand esse.

6 Also legte sich Amnon und stellte sich krank. Da nun der König kam, ihn zu besuchen, sprach Amnon zum König: Laß doch meine Schwester Thamar kommen, daß sie vor mir einen Kuchen oder zwei mache und ich von ihrer Hand esse.

7 Da sandte David nach Thamar ins Haus und ließ ihr sagen: Gehe hin ins Haus deines Bruders Amnon und mache ihm eine Speise.

8 Thamar ging hin ins Haus ihres Bruders Amnon; er aber lag im Bett. Und sie nahm einen Teig und knetete und bereitete es vor seinen Augen und buk die Kuchen.

9 Und sie nahm eine Pfanne und schüttete es vor ihm aus; aber er weigerte sich zu essen. Und Amnon sprach: Laßt jedermann von mir

Das 2. Buch Samuel

hinausgehen. Und es ging jedermann von ihm hinaus.

10 Da sprach Amnon zu Thamar: Bringe das Essen in die Kammer, daß ich von deiner Hand esse. Da nahm Thamar die Kuchen, die sie gemacht hatte, und brachte sie zu Amnon, ihrem Bruder, in die Kammer.

11 Und da sie es zu ihm brachte, daß er äße, ergriff er sie und sprach zu ihr: Komm her, meine Schwester, schlaf bei mir!

12 Sie aber sprach zu ihm: Nicht, mein Bruder, schwäche mich nicht, denn so tut man nicht in Israel; tue nicht eine solche Torheit!

13 Wo will ich mit meiner Schande hin? Und du wirst sein wie die Toren in Israel. Rede aber mit dem König; der wird mich dir nicht versagen.

14 Aber er wollte nicht gehorchen und überwältigte sie und schwächte sie und schlief bei ihr.

15 Und Amnon ward ihr überaus gram, daß der Haß größer war, denn vorhin die Liebe war. Und Amnon sprach zu ihr: Mache dich auf und hebe dich!

16 Sie aber sprach zu ihm: Das Übel ist größer denn das andere, das du an mir getan hast, daß du mich ausstößest. Aber er gehorchte ihrer Stimme nicht,

17 sondern rief seinen Knaben, der sein Diener war, und sprach: Treibe diese von mir hinaus und schließe die Tür hinter ihr zu!

18 Und sie hatte einen bunten Rock an; denn

solche Röcke trugen des Königs Töchter, welche Jungfrauen waren. Und da sie sein Diener hinausgetrieben und die Tür hinter ihr zugeschlossen hatte,

19 warf Thamar Asche auf ihr Haupt und zerriß den bunten Rock, den sie anhatte, und legte ihre Hand auf das Haupt und ging daher und schrie.

20 Und ihr Bruder Absalom sprach zu Ihr: Ist denn dein Bruder Amnon bei dir gewesen? Nun, meine Schwester, schweig still; es ist dein Bruder, und nimm die Sache nicht so zu Herzen. Also blieb Thamar einsam in Absaloms, ihres Bruders, Haus.

21 Und da der König David solches alles hörte, ward er sehr zornig. Aber Absalom redete nicht mit Amnon, weder Böses noch Gutes;

22 denn Absalom war Amnon gram, darum daß er seine Schwester Thamar geschwächt hatte.

23 Über zwei Jahre aber hatte Absalom Schafscherer zu Baal-Hazor, das bei Ephraim liegt; und Absalom lud alle Kinder des Königs

24 und kam zum König und sprach: Siehe, dein Knecht hat Schafscherer; der König wolle samt seinen Knechten mit seinem Knecht gehen.

25 Der König aber sprach zu Absalom: Nicht, mein Sohn, laß uns nicht alle gehen, daß wir dich nicht beschweren. Und da er ihn nötigte, wollte er doch nicht gehen, sondern segnete ihn.

26 Absalom sprach: Soll denn nicht mein Bruder Amnon mit uns gehen? Der König sprach zu ihm: Warum soll er mit dir gehen?

27 Da nötigte ihn Absalom, daß er mit ihm ließ Amnon und alle Kinder des Königs.

28 Absalom aber gebot seinen Leuten und sprach: Sehet darauf, wenn Amnon guter Dinge wird von dem Wein und ich zu euch spreche: Schlagt Amnon und tötet ihn, daß ihr euch nicht fürchtet; denn ich hab's euch geheißen. Seid getrost und frisch daran!

29 Also taten die Leute Absaloms dem Amnon, wie ihnen Absalom geboten hatte. Da standen alle Kinder des Königs auf, und ein jeglicher setzte sich auf sein Maultier und flohen.

30 Und da sie noch auf dem Wege waren, kam das Gerücht vor David, daß Absalom hätte alle Kinder des Königs erschlagen, daß nicht einer von ihnen übrig wäre.

31 Da stand der König auf und zerriß seine Kleider und legte sich auf die Erde; und alle seine Knechte, die um ihn her standen, zerrissen ihre Kleider.

32 Da hob Jonadab an, der Sohn Simeas, des Bruders Davids, und sprach: Mein Herr denke nicht, daß alle jungen Männer, die Kinder des Königs tot sind, sondern Amnon ist allein tot. Denn Absalom hat's bei sich behalten von dem Tage an, da er seine Schwester Thamar schwächte.

33 So nehme nun mein Herr, der König, solches nicht zu Herzen, daß alle Kinder des Königs tot seien, sondern Amnon ist allein tot.

34 Absalom aber floh. Und der Diener auf der

Warte hob seine Augen auf und sah; und siehe, ein großes Volk kam auf dem Wege nacheinander an der Seite des Berges.

35 Da sprach Jonadab zum König: Siehe, die Kinder des Königs kommen; wie dein Knecht gesagt hat, so ist's ergangen.

36 Und da er hatte ausgeredet, siehe, da kamen die Kinder des Königs und hoben ihre Stimme auf und weinten. Der König und alle seine Knechte weinten auch gar sehr.

37 Absalom aber floh und zog zu Thalmai, dem Sohn Ammihuds, dem König zu Gessur. Er aber trug Leid über seinen Sohn alle Tage.

38 Da aber Absalom geflohen war und gen Gessur gezogen, blieb er daselbst drei Jahre.

39 Und der König David hörte auf, auszuziehen wider Absalom; denn er hatte sich getröstet über Amnon, daß er tot war.

14. Kapitel

Joab erwirkt Gnade für Absalom durch ein Weib von Thekoa.

1 Joab aber, der Zeruja Sohn, merkte, daß des Königs Herz war wider Absalom,

2 und sandte hin gen Thekoa und ließ holen von dort ein kluges Weib und sprach zu ihr: Trage Leid und zieh Trauerkleider an und salbe dich nicht mit Öl, sondern stelle dich wie ein

Weib, das eine lange Zeit Leid getragen hat über einen Toten;

3 und sollst zum König hineingehen und mit ihm reden so und so. Und Joab gab ihr ein, was sie reden sollte.

4 Und da das Weib von Thekoa mit dem König reden wollte, fiel sie auf ihr Antlitz zur Erde und beugte sich nieder und sprach: Hilf mir, König!

5 Der König sprach zu ihr: Was ist dir? Sie sprach: Ach, ich bin eine Witwe, und mein Mann ist gestorben.

6 Und deine Magd hatte zwei Söhne, die zankten miteinander auf dem Felde, und da kein Retter war, schlug einer den andern und tötete ihn.

7 Und siehe, nun steht auf die ganze Freundschaft wider deine Magd und sagen: Gib her den, der seinen Bruder erschlagen hat, daß wir ihn töten für die Seele seines Bruders, den er erwürgt hat, und auch den Erben vertilgen; und wollen meinen Funken auslöschen, der noch übrig ist, daß meinem Mann kein Name und nichts Übriges bleibe auf Erden.

8 Der König sprach zum Weibe: Gehe heim, ich will für dich gebieten.

9 Und das Weib von Thekoa sprach zum König: Mein Herr König, die Missetat sei auf mir und meines Vaters Hause; der König aber und sein Stuhl sei unschuldig.

10 Der König sprach: Wer wider dich redet, den bringe zu mir, so soll er nicht mehr dich

antasten.

11 Sie sprach: Der König gedenke an den HERRN, deinen Gott, daß der Bluträcher nicht noch mehr Verderben anrichte und sie meinen Sohn nicht vertilgen. Er sprach: So wahr der HERR lebt, es soll kein Haar von deinem Sohn auf die Erde fallen.

12 Und das Weib sprach: Laß deine Magd meinem Herrn König etwas sagen. Er sprach: Sage an!

13 Das Weib sprach: Warum bist du also gesinnt wider Gottes Volk? Denn da der König solches geredet hat, ist er wie ein Schuldiger, dieweil er seinen Verstoßenen nicht wieder holen läßt.

14 Denn wir sterben eines Todes und sind wie Wasser, so in die Erde verläuft, das man nicht aufhält; und Gott will nicht das Leben wegnehmen, sondern bedenkt sich, daß nicht das Verstoßene auch von ihm verstoßen werde.

15 So bin ich nun gekommen, mit meinem Herrn König solches zu reden; denn das Volk macht mir bang. Denn deine Magd gedachte: Ich will mit dem König reden; vielleicht wird er tun, was seine Magd sagt.

16 Denn er wird seine Magd erhören, daß er mich errette von der Hand aller, die mich samt meinem Sohn vertilgen wollen vom Erbe Gottes.

17 Und deine Magd gedachte: Meines Herrn, des Königs, Wort soll mir ein Trost sein; denn mein Herr, der König, ist wie ein Engel Gottes,

daß er Gutes und Böses hören kann. Darum wird der HERR, dein Gott, mit dir sein.

18 Der König antwortete und sprach zu dem Weibe: Leugne mir nicht, was ich dich frage. Das Weib sprach: Mein Herr, der König, rede.

19 Der König sprach: Ist nicht die Hand Joabs mit dir in diesem allem? Das Weib antwortete und sprach: So wahr deine Seele lebt, mein Herr König, es ist nicht anders, weder zur Rechten noch zur Linken, denn wie mein Herr, der König, geredet hat. Denn dein Knecht Joab hat mir's geboten, und er hat solches alles seiner Magd eingegeben;

20 daß ich diese Sache also wenden sollte, das hat dein Knecht Joab gemacht. Aber mein Herr ist weise wie die Weisheit eines Engels Gottes, daß er merkt alles auf Erden.

21 Da sprach der König zu Joab: Siehe, ich habe solches getan; so gehe hin und bringe den Knaben Absalom wieder.

22 Da fiel Joab auf sein Antlitz zur Erde und beugte sich nieder und dankte dem König und sprach: Heute merkt dein Knecht, daß ich Gnade gefunden habe vor deinen Augen, mein Herr König, da der König tut, was sein Knecht sagt.

23 Also macht sich Joab auf und zog gen Gessur und brachte Absalom gen Jerusalem.

24 Aber der König sprach: Laß ihn wider in sein Haus gehen und mein Angesicht nicht sehen. Also kam Absalom wieder in sein Haus und sah des Königs Angesicht nicht.

25 Es war aber in ganz Israel kein Mann so schön wie Absalom, und er hatte dieses Lob vor allen; von seiner Fußsohle an bis auf seinen Scheitel war nicht ein Fehl an ihm.

26 Und wenn man sein Haupt schor (das geschah gemeiniglich alle Jahre; denn es war ihm zu schwer, daß man's abscheren mußte), so wog sein Haupthaar zweihundert Lot nach dem königlichen Gewicht.

27 Und Absalom wurden drei Söhne geboren und eine Tochter, die hieß Thamar und war ein Weib schön von Gestalt.

28 Also blieb Absalom zwei Jahre zu Jerusalem, daß er des Königs Angesicht nicht sah.

29 Und Absalom sandte nach Joab, daß er ihn zum König sendete; und er wollte nicht zu ihm kommen. Er aber sandte zum andernmal; immer noch wollte er nicht kommen.

30 Da sprach er zu seinen Knechten: Seht das Stück Acker Joabs neben meinem, und er hat Gerste darauf; so geht hin und steckt es mit Feuer an. Da steckten die Knechte Absaloms das Stück mit Feuer an.

31 Da machte sich Joab auf und kam zu Absalom ins Haus und sprach zu ihm: Warum haben deine Knechte mein Stück mit Feuer angesteckt?

32 Absalom sprach zu Joab: Siehe, ich sandte nach dir und ließ dir sagen: Komm her, daß ich dich zum König sende und sagen lasse: Warum bin ich von Gessur gekommen? Es wäre mir

besser, daß ich noch da wäre. So laß mich nun das Angesicht des Königs sehen; ist aber eine Missetat an mir, so töte mich.

33 Und Joab ging hinein zum König und sagte es ihm an. Und er rief Absalom, daß er hinein zum König kam; und er fiel nieder vor dem König auf sein Antlitz zur Erde, und der König küßte Absalom.

15. Kapitel

Absaloms Aufruhr. Davids Flucht.

1 Und es begab sich darnach, daß Absalom ließ sich machen einen Wagen und Rosse und fünfzig Mann, die seine Trabanten waren.

2 Auch machte sich Absalom des Morgens früh auf und trat an den Weg bei dem Tor. Und wenn jemand einen Handel hatte, daß er zum König vor Gericht kommen sollte, rief ihn Absalom zu sich und sprach: Aus welcher Stadt bist du? Wenn dann der sprach: Dein Knecht ist aus der Stämme Israels einem,

3 so sprach Absalom zu ihm: Siehe, deine Sache ist recht und schlecht; aber du hast keinen, der dich hört, beim König.

4 Und Absalom sprach: O, wer setzt mich zum Richter im Lande, daß jedermann zu mir käme, der eine Sache und Gerichtshandel hat, daß ich ihm hülfe!

5 Und wenn jemand sich zu ihm tat, daß er wollte vor ihm niederfallen, so reckte er seine Hand aus und ergriff ihn und küßte ihn.

6 Auf diese Weise tat Absalom dem ganzen Israel, wenn sie kamen vor Gericht zum König, und stahl also das Herz der Männer Israels.

7 Nach vierzig Jahren sprach Absalom zum König: Ich will hingehen und mein Gelübde zu Hebron ausrichten, das ich dem HERRN gelobt habe.

8 Denn dein Knecht tat ein Gelübde, da ich zu Gessur in Syrien wohnte, und sprach: Wenn mich der HERR wieder gen Jerusalem bringt, so will ich dem HERRN einen Gottesdienst tun.

9 Der König sprach: Gehe hin mit Frieden. Und er machte sich auf und ging gen Hebron.

10 Absalom aber hatte Kundschafter ausgesandt in alle Stämme Israels und lassen sagen: Wenn ihr der Posaune Schall hören werdet, so sprecht: Absalom ist König geworden zu Hebron.

11 Es gingen aber mit Absalom zweihundert Mann von Jerusalem, die geladen waren; aber sie gingen in ihrer Einfalt und wußten nichts um die Sache.

12 Absalom aber sandte auch nach Ahithophel, dem Giloniten, Davids Rat, aus seiner Stadt Gilo. Da er nun die Opfer tat, ward der Bund stark, und das Volk lief zu und mehrte sich mit Absalom.

13 Da kam einer, der sagte es David an und

sprach: Das Herz jedermanns in Israel folgt Absalom nach.

14 David sprach aber zu allen seinen Knechten, die bei ihm waren zu Jerusalem: Auf, laßt uns fliehen! denn hier wird kein entrinnen sein vor Absalom; eilet, daß wir gehen, daß er uns nicht übereile und ergreife uns und treibe ein Unglück auf uns und schlage die Stadt mit der Schärfe des Schwerts.

15 Da sprachen die Knechte des Königs zu ihm: Was mein Herr, der König, erwählt, siehe, hier sind deine Knechte.

16 Und der König zog hinaus und sein ganzes Haus ihm nach. Er ließ aber zehn Kebsweiber zurück, das Haus zu bewahren.

17 Und da der König und alles Volk, das ihm nachfolgte, hinauskamen, blieben sie stehen am äußersten Hause.

18 Und alle seine Knechte gingen an ihm vorüber; dazu alle Krether und Plether und alle Gathiter, sechshundert Mann, die von Gath ihm nachgefolgt waren, gingen an dem König vorüber.

19 Und der König sprach zu Itthai, dem Gathiter: Warum gehst du auch mit uns? Kehre um und bleibe bei dem König; denn du bist hier fremd und von deinem Ort gezogen hierher.

20 Gestern bist du gekommen, und heute sollte ich dich mit uns hin und her ziehen lassen? Denn ich will gehen, wohin ich gehen kann. Kehre um und deine Brüder mit dir; dir widerfahre

Barmherzigkeit und Treue.

21 Itthai antwortete und sprach: So wahr der HERR lebt, und so wahr mein König lebt, an welchem Ort mein Herr, der König, sein wird, es gerate zum Tod oder zum Leben, da wird dein Knecht auch sein.

22 David sprach zu Itthai: So komm und gehe mit. Also ging Itthai, der Gathiter, und alle seine Männer und der ganze Haufe Kinder, die mit ihm waren.

23 Und das ganze Land weinte mit lauter Stimme, und alles Volk ging mit. Und der König ging über den Bach Kidron, und alles Volk ging vor auf dem Wege, der zur Wüste geht.

24 Und siehe, Zadok war auch da und alle Leviten, die bei ihm waren, und trugen die Lade des Bundes und stellten sie dahin. Und Abjathar trat empor, bis daß alles Volk zur Stadt hinauskam.

25 Aber der König sprach zu Zadok: Bringe die Lade Gottes wieder in die Stadt. Werde ich Gnade finden vor dem HERRN, so wird er mich wieder holen und wird mich sie sehen lassen und sein Haus.

26 Spricht er aber also: Ich habe nicht Lust zu dir, siehe, hier bin ich. Er mache es mit mir, wie es ihm wohl gefällt.

27 Und der König sprach zu dem Priester Zadok: O du Seher, kehre um wieder in die Stadt mit Frieden und mit euch eure beiden Söhne, Ahimaaz, dein Sohn, und Jonathan, der Sohn

Abjathars!

28 Siehe ich will verziehen auf dem blachen Felde in der Wüste, bis daß Botschaft von euch komme, und sage mir an.

29 Also brachten Zadok und Abjathar die Lade Gottes wieder gen Jerusalem und blieben daselbst.

30 David aber ging den Ölberg hinan und weinte, und sein Haupt war verhüllt, und er ging barfuß. Dazu alles Volk, das bei ihm war, hatte ein jeglicher sein Haupt verhüllt und gingen hinan und weinten.

31 Und da es David angesagt ward, daß Ahithophel im Bund mit Absalom war, sprach er: HERR, mache den Ratschlag Ahithophels zur Narrheit!

32 Und da David auf die Höhe kam, da man Gott pflegt anzubeten, siehe, da begegnete ihm Husai, der Arachiter, mit zerrissenem Rock und Erde auf seinem Haupt.

33 Und David sprach zu ihm: Wenn du mit mir gehst, wirst du mir eine Last sein.

34 Wenn du aber wieder in die Stadt gingest und sprächest zu Absalom: Ich bin dein Knecht, ich will des Königs sein; der ich deines Vaters Knecht war zu der Zeit, will nun dein Knecht sein: So würdest du mir zugut den Ratschlag Ahithophels zunichte machen.

35 Auch sind Zadok und Abjathar, die Priester, mit dir. Alles, was du hörst aus des Königs Haus, würdest du ansagen den Priestern Zadok und

Abjathar.

36 Siehe, es sind bei ihnen ihre zwei Söhne: Ahimaaz, Zadoks, und Jonathan, Abjathars Sohn. Durch die kannst du mir entbieten, was du hören wirst.

37 Also kam Husai, der Freund Davids, in die Stadt; und Absalom kam gen Jerusalem.

Kapitel 16

Ziba verleumdet den Mephiboseth.
Simei flucht David. Absalom befolgt den
schändlichen Rat des Ahithophel.

1 Und da David ein wenig von der Höhe gegangen war, siehe, da begegnete ihm Ziba, der Diener Mephiboseths, mit einem Paar Esel, gesattelt, darauf waren zweihundert Brote und hundert Rosinenkuchen und hundert Feigenkuchen und ein Krug Wein.

2 Da sprach der König zu Ziba: Was willst du damit machen? Ziba sprach: Die Esel sollen für das Haus des Königs sein, darauf zu reiten, und die Brote und Feigenkuchen für die Diener, zu essen, und der Wein, zu trinken, wenn sie müde werden in der Wüste.

3 Der König sprach: Wo ist der Sohn deines Herrn? Ziba sprach zum König: Siehe, er blieb zu Jerusalem; denn er sprach: Heute wird mir das Haus Israel meines Vaters Reich wiedergeben.

4 Der König sprach zu Ziba: Siehe, es soll dein sein alles, was Mephiboseth hat. Ziba sprach: Ich neige mich; laß mich Gnade finden vor dir, mein Herr König.

5 Da aber der König bis gen Bahurim kam, siehe, da ging ein Mann daselbst heraus, vom Geschlecht des Hauses Sauls, der hieß Simei, der Sohn Geras; der ging heraus und fluchte

6 und warf David mit Steinen und alle Knechte des Königs David. Denn alles Volk und alle Gewaltigen waren zu seiner Rechten und zur Linken.

7 So sprach aber Simei, da er fluchte: Heraus, heraus, du Bluthund, du heilloser Mann!

8 Der HERR hat dir vergolten alles Blut des Hauses Sauls, daß du an seiner Statt bist König geworden. Nun hat der HERR das Reich gegeben in die Hand deines Sohnes Absalom; und siehe, nun steckst du in deinem Unglück; denn du bist ein Bluthund.

9 Aber Abisai, der Zeruja Sohn, sprach zu dem König: Sollte dieser tote Hund meinem Herrn, dem König, fluchen? Ich will hingehen und ihm den Kopf abreißen.

10 Der König sprach: Ihr Kinder der Zeruja, was habe ich mit euch zu schaffen? Laßt ihn fluchen; denn der HERR hat's ihn geheißen: Fluche David! Wer kann nun sagen: Warum tust du also?

11 Und David sprach zu Abisai und zu allen seinen Knechten: Siehe, mein Sohn, der von

meinem Leibe gekommen ist, steht mir nach meinem Leben; warum nicht auch jetzt der Benjaminiter? Laßt ihn, daß er fluche; denn der HERR hat's ihn geheißen.

12 Vielleicht wird der HERR mein Elend ansehen und mir mit Gutem vergelten sein heutiges Fluchen.

13 Also ging David mit seinen Leuten des Weges; Aber Simei ging an des Berges Seite her ihm gegenüber und fluchte und warf mit Steinen nach ihm und besprengte ihn mit Erdklößen.

14 Und der König kam hinein mit allem Volk, das bei ihm war, müde und erquickte sich daselbst.

15 Aber Absalom und alles Volk der Männer Israels kamen gen Jerusalem und Ahithophel mit ihm.

16 Da aber Husai, der Arachiter, Davids Freund, zu Absalom hineinkam, sprach er zu Absalom: Glück zu, Herr König! Glück zu, Herr König!

17 Absalom aber sprach zu Husai: Ist das deine Barmherzigkeit an deinem Freunde? Warum bist du nicht mit deinem Freunde gezogen?

18 Husai aber sprach zu Absalom: Nicht also, sondern welchen der HERR erwählt und dies Volk und alle Männer in Israel, des will ich sein und bei ihm bleiben.

19 Zum andern, wem sollte ich dienen? Sollte ich nicht vor seinem Sohn dienen? Wie ich vor deinem Vater gedient habe, so will ich auch vor

dir sein.

20 Und Absalom sprach zu Ahithophel: Ratet zu, was sollen wir tun?

21 Ahithophel sprach zu Absalom: Gehe hinein zu den Kebsweibern deines Vaters, die er zurückgelassen hat, das Haus zu bewahren, so wird das ganze Israel hören, daß du dich bei deinem Vater hast stinkend gemacht, und wird aller Hand, die bei dir sind, desto kühner werden.

22 Da machten sie Absalom eine Hütte auf dem Dache, und Absalom ging hinein zu den Kebsweibern seines Vaters vor den Augen des ganzen Israel.

23 Zu der Zeit, wenn Ahithophel einen Rat gab, das war, als wenn man Gott um etwas hätte gefragt; also waren alle Ratschläge Ahithophels bei David und bei Absalom.

17. Kapitel

Ahithophels schlauer Rat wird vereitelt.
Sein schmähliches Ende.

1 Und Ahithophel sprach zu Absalom: Ich will zwölftausend Mann auslesen und mich aufmachen und David nachjagen bei der Nacht

2 und will ihn überfallen, weil er matt und laß ist. Wenn ich ihn dann erschrecke, daß alles Volk, das bei ihm ist, flieht, will ich den König

allein schlagen

3 und alles Volk wieder zu dir bringen. Wenn dann jedermann zu dir gebracht ist, wie du begehrst, so bleibt alles Volk mit Frieden.

4 Das deuchte Absalom gut und alle Ältesten in Israel.

5 Aber Absalom sprach: Laßt doch Husai, den Arachiten, auch rufen und hören, was er dazu sagt.

6 Und da Husai hinein zu Absalom kam, sprach Absalom zu ihm: Solches hat Ahithophel geredet; sage du, sollen wir's tun oder nicht?

7 Da sprach Husai zu Absalom: Es ist nicht ein guter Rat, den Ahithophel auf diesmal gegeben hat.

8 Und Husai sprach weiter: Du kennst deinen Vater wohl und seine Leute, daß sie stark sind und zornigen Gemüts wie ein Bär auf dem Felde, dem die Jungen geraubt sind; dazu ist dein Vater ein Kriegsmann und wird sich nicht säumen mit dem Volk.

9 Siehe, er hat sich jetzt vielleicht verkrochen irgend in einer Grube oder sonst an einen Ort. Wenn's dann geschähe, daß es das erstemal übel geriete und käme ein Geschrei und spräche: Es ist das Volk, welches Absalom nachfolgt, geschlagen worden,

10 so würde jedermann verzagt werden, der auch sonst ein Krieger ist und ein Herz hat wie ein Löwe. Denn es weiß ganz Israel, daß dein Vater stark ist und Krieger, die bei ihm sind.

11 Aber das rate ich, daß du zu dir versammlest ganz Israel von Dan an bis gen Beer-Seba, so viel als der Sand am Meer, und deine Person ziehe unter ihnen.

12 So wollen wir ihn überfallen, an welchem Ort wir ihn finden, und wollen über ihn kommen, wie der Tau auf die Erde fällt, daß wir von ihm und allen seinen Männern nicht einen übriglassen.

13 Wird er sich aber in eine Stadt versammeln, so soll das ganze Israel Stricke an die Stadt werfen und sie in den Bach reißen, daß man nicht ein Kieselein da finde.

14 Da sprach Absalom und jedermann in Israel: Der Rat Husais, des Arachiten, ist besser denn Ahithophels Rat. Aber der HERR schickte es also, daß der gute Rat Ahithophels verhindert wurde, auf daß der HERR Unheil über Absalom brächte.

15 Und Husai sprach zu Zadok und Abjathar, den Priestern: So und so hat Ahithophel Absalom und den Ältesten in Israel geraten; ich aber habe so und so geraten.

16 So sendet nun eilend hin und lasset David ansagen und sprecht: Bleibe nicht auf dem blachen Felde der Wüste, sondern mache dich hinüber, daß der König nicht verschlungen werde und alles Volk, das bei ihm ist.

17 Jonathan aber und Ahimaaz standen bei dem Brunnen Rogel, und eine Magd ging hin und sagte es ihnen an. Sie aber gingen hin und sagten es dem König David an; denn sie durften sich nicht sehen lassen, daß sie in die Stadt

kämen.

18 Es sah sie aber ein Knabe und sagte es Absalom an. Aber die beiden gingen eilend hin und kamen in eines Mannes Haus zu Bahurim; der hatte einen Brunnen in seinem Hofe. Dahinein stiegen sie,

19 und das Weib nahm und breitete eine Decke über des Brunnens Loch und breitete Grütze darüber, daß man es nicht merkte.

20 Da nun die Knechte Absaloms zum Weibe ins Haus kamen, sprachen sie: Wo ist Ahimaaz und Jonathan? Das Weib sprach zu ihnen: Sie gingen über das Wässerlein. Und da sie suchten, und nicht fanden, gingen sie wieder gen Jerusalem.

21 Und da sie weg waren, stiegen jene aus dem Brunnen und gingen hin und sagten's David, dem König, an und sprachen zu David: Macht euch auf und geht eilend über das Wasser; denn so und so hat Ahithophel wider euch Rat gegeben.

22 Da machte sich David auf und alles Volk, das bei ihm war, und gingen über den Jordan, bis es lichter Morgen ward, und fehlte nicht an einem, der nicht über den Jordan gegangen wäre.

23 Als aber Ahithophel sah, daß sein Rat nicht ausgeführt ward, sattelte er seinen Esel, machte sich auf und zog heim in seine Stadt und beschickte sein Haus und erhängte sich und starb und ward begraben in seines Vaters Grab.

24 Und David kam gen Mahanaim. Und

Absalom zog über den Jordan und alle Männer Israels mit ihm.

25 Und Absalom hatte Amasa an Joabs Statt gesetzt über das Heer. Es war aber Amasa eines Mannes Sohn, der hieß Jethra, ein Israeliter, welcher einging zu Abigail, der Tochter des Nahas, der Schwester der Zeruja, Joabs Mutter.

26 Israel aber und Absalom lagerten sich in Gilead.

27 Da David gen Mahanaim gekommen war, da brachten Sobi, der Sohn Nahas von Rabba der Kinder Ammon, und Machir, der Sohn Ammiels von Lo-Dabar, und Barsillai, ein Gileaditer von Roglim,

28 Bettwerk, Becken, irdene Gefäße, Weizen, Gerste, Mehl, geröstete Körner, Bohnen, Linsen, Grütze,

29 Honig, Butter, Schafe und Rinderkäse zu David und zu dem Volk, das bei ihm war, zu essen. Denn sie gedachten: Das Volk wird hungrig, müde und durstig sein in der Wüste.

18. Kapitel

Absalom geschlagen und durch Joab getötet. Botschaft Chusis.

1 Und David ordnete das Volk, das bei ihm war, und setzte über sie Hauptleute, über tausend und über hundert,

2 und stellte des Volkes einen dritten Teil unter Joab und einen dritten Teil unter Abisai, den Sohn der Zeruja, Joabs Bruder, und einen dritten Teil unter Itthai, den Gathiter. Und der König sprach zum Volk: Ich will auch mit euch ausziehen.

3 Aber das Volk sprach: Du sollst nicht ausziehen; denn ob wir gleich fliehen oder die Hälfte sterben, so werden sie unser nicht achten; denn du bist wie unser zehntausend; so ist's nun besser, daß du uns von der Stadt aus helfen mögst.

4 Der König sprach zu ihnen: Was euch gefällt, das will ich tun. Und der König trat ans Tor, und alles Volk zog aus bei Hunderten und bei Tausenden.

5 Und der König gebot Joab und Abisai und Itthai und sprach: Fahrt mir säuberlich mit dem Knaben Absalom! Und alles Volk hörte es, da der König gebot allen Hauptleuten um Absalom.

6 Und da das Volk hinauskam aufs Feld, Israel entgegen, erhob sich der Streit im Walde Ephraim.

7 Und das Volk Israel ward daselbst geschlagen vor den Knechten Davids, daß desselben Tages eine große Schlacht geschah, zwanzigtausend Mann.

8 Und war daselbst der Streit zerstreut auf allem Lande; und der Wald fraß viel mehr Volk des Tages, denn das Schwert fraß.

9 Und Absalom begegnete den Knechten

Davids und ritt auf einem Maultier. Und da das Maultier unter eine große Eiche mit dichten Zweigen kam, blieb sein Haupt an der Eiche hangen, und er schwebte zwischen Himmel und Erde; aber sein Maultier lief unter ihm weg.

10 Da das ein Mann sah, sagte er's Joab an und sprach: Siehe, ich sah Absalom an einer Eiche hangen.

11 Und Joab sprach zu dem Mann, der's ihm hatte angesagt: Siehe, sahst du das, warum schlugst du ihn nicht daselbst zur Erde? so wollte ich dir von meinetwegen zehn Silberlinge und einen Gürtel gegeben haben.

12 Der Mann sprach zu Joab: Wenn du mir tausend Silberlinge in meine Hand gewogen hättest, so wollte ich dennoch meine Hand nicht an des Königs Sohn gelegt haben; denn der König gebot dir und Abisai und Itthai vor unsern Ohren und sprach: Hütet euch, daß nicht jemand dem Knaben Absalom...!

13 Oder wenn ich etwas Falsches getan hätte auf meiner Seele Gefahr, weil dem König nichts verhohlen wird, würdest du selbst wider mich gestanden sein.

14 Joab sprach: Ich kann nicht so lange bei dir verziehen. Da nahm Joab drei Spieße in sein Hand und stieß sie Absalom ins Herz, da er noch lebte an der Eiche.

15 Und zehn Knappen, Joabs Waffenträger, machten sich umher und schlugen ihn zu Tod.

16 Da blies Joab die Posaune und brachte das

Volk wieder, daß es nicht weiter Israel nachjagte; denn Joab wollte das Volk schonen.

17 Und sie nahmen Absalom und warfen ihn in den Wald in eine große Grube und legten einen sehr großen Haufen Steine auf ihn. Und das ganze Israel floh, ein jeglicher in seine Hütte.

18 Absalom aber hatte sich eine Säule aufgerichtet, da er noch lebte; die steht im Königsgrunde. Denn er sprach: Ich habe keinen Sohn, darum soll dies meines Namens Gedächtnis sein; er hieß die Säule nach seinem Namen, und sie heißt auch bis auf diesen Tag Absaloms Mal.

19 Ahimaaz, der Sohn Zadoks, sprach: Laß mich doch laufen und dem König verkündigen, daß der HERR ihm Recht verschafft hat von seiner Feinde Händen.

20 Joab aber sprach zu ihm: Du bringst heute keine gute Botschaft. Einen andern Tag sollst du Botschaft bringen, und heute nicht; denn des Königs Sohn ist tot.

21 Aber zu Chusi sprach Joab: Gehe hin und sage dem König an, was du gesehen hast. Und Chusi neigte sich vor Joab und lief.

22 Ahimaaz aber, der Sohn Zadoks, sprach abermals zu Joab: Wie, wenn ich auch liefe dem Chusi nach? Joab sprach: Was willst du laufen, Mein Sohn? Komm her, die Botschaft wird dir nichts einbringen.

23 Wie wenn ich liefe? Er sprach zu ihm: So laufe doch! Also lief Ahimaaz geradewegs und

kam Chusi vor.

24 David aber saß zwischen beiden Toren. Und der Wächter ging aufs Dach des Tors an der Mauer und hob seine Augen auf und sah einen Mann laufen allein

25 und rief und sagte es dem König an. Der König aber sprach: Ist er allein, so ist eine gute Botschaft in seinem Munde. Und da derselbe immer näher kam,

26 sah der Wächter einen andern Mann laufen, und rief in das Tor und sprach: Siehe, ein Mann läuft allein. Der König aber sprach: Der ist auch ein guter Bote.

27 Der Wächter sprach: Ich sehe des ersten Lauf wie den Lauf des Ahimaaz, des Sohnes Zadoks. Und der König sprach: Es ist ein guter Mann und bringt eine gute Botschaft.

28 Ahimaaz aber rief und sprach zum König: Friede! Und fiel nieder vor dem König auf sein Antlitz zur Erde und sprach: Gelobt sei der HERR, dein Gott, der die Leute, die ihre Hand wider meinen Herrn, den König, aufhoben, übergeben hat.

29 Der König aber sprach: Geht es auch wohl dem Knaben Absalom? Ahimaaz sprach: Ich sah ein großes Getümmel, da des Königs Knecht Joab mich, deinen Knecht, sandte, und weiß nicht, was es war.

30 Der König sprach: Gehe herum und tritt daher. Und er ging herum und stand allda.

31 Siehe, da kam Chusi und sprach: Hier gute

Botschaft, mein Herr König! Der HERR hat dir heute Recht verschafft von der Hand aller, die sich wider dich auflehnten.

32 Der König aber sprach zu Chusi: Geht es dem Knaben Absalom auch wohl? Chusi sprach: Es müsse allen Feinden meines Herrn Königs gehen, wie es dem Knaben geht, und allen, die sich wider ihn auflehnen, übel zu tun.

33 Da ward der König traurig und ging hinauf auf den Söller im Tor und weinte, und im Gehen sprach er also: Mein Sohn Absalom! mein Sohn, mein Sohn Absalom! Wollte Gott, ich wäre für dich gestorben! O Absalom, mein Sohn, mein Sohn!

19. Kapitel

Davids Wehklage.
Er wird von Juda als König zurückgeführt.
Seine königliche Großmut und Dankbarkeit.

1 Und es ward Joab angesagt: Siehe, der König weint und trägt Leid um Absalom.

2 Und es ward aus dem Sieg des Tages ein Leid unter dem ganzen Volk; denn das Volk hatte gehört des Tages, daß sich der König um seinen Sohn bekümmerte.

3 Und das Volk stahl sich weg an dem Tage in die Stadt, wie sich ein Volk wegstiehlt, das zu Schanden geworden ist, wenn's im Streit

geflohen ist.

4 Der König aber hatte sein Angesicht verhüllt und schrie laut: Ach, mein Sohn Absalom! Absalom, mein Sohn, mein Sohn!

5 Joab aber kam zum König ins Haus und sprach: Du hast heute schamrot gemacht alle deine Knechte, die heute deine, deiner Söhne, deiner Töchter, deiner Weiber und deiner Kebsweiber Seele errettet haben,

6 daß du liebhast, die dich hassen, und haßt, die dich liebhaben. Denn du läßt heute merken, daß dir's nicht gelegen ist an den Hauptleuten und Knechten. Denn ich merke heute wohl: wenn dir nur Absalom lebte und wir heute alle tot wären, das wäre dir recht.

7 So mache dich nun auf und gehe heraus und rede mit deinen Knechten freundlich. Denn ich schwöre dir bei dem HERRN: Wirst du nicht herausgehen, es wird kein Mann bei dir bleiben diese Nacht über. Das wird dir ärger sein denn alles Übel, das über dich gekommen ist von deiner Jugend auf bis hierher.

8 Da machte sich der König auf und setzte sich ins Tor. Und man sagte es allem Volk: Siehe, der König sitzt im Tor. Da kam alles Volk vor den König. Aber Israel war geflohen, ein jeglicher in seine Hütte.

9 Und es zankte sich alles Volk in allen Stämmen Israels und sprachen: Der König hat uns errettet von der Hand unsrer Feinde und erlöste uns von der Philister Hand und hat

müssen aus dem Lande fliehen vor Absalom.

10 So ist Absalom, den wir über uns gesalbt hatten, gestorben im Streit. Warum seid ihr so nun still, daß ihr den König nicht wieder holet?

11 Der König aber sandte zu Zadok und Abjathar, den Priestern, und ließ ihnen sagen: Redet mit den Ältesten in Juda und sprecht: Warum wollt ihr die letzten sein, den König wieder zu holen in sein Haus? (Denn die Rede des ganzen Israel war vor den König gekommen in sein Haus.)

12 Ihr seid meine Brüder, mein Bein und mein Fleisch; warum wollt ihr denn die letzten sein, den König wieder zu holen?

13 Und zu Amasa sprecht: Bist du nicht mein Bein und mein Fleisch? Gott tue mir dies und das, wo du nicht sollst sein Feldhauptmann vor mir dein Leben lang an Joabs Statt.

14 Und er neigte das Herz aller Männer Juda's wie eines Mannes; und sie sandten hin zum König: Komm wieder, du und alle deine Knechte!

15 Also kam der König wieder. Und da er an den Jordan kam, waren die Männer Juda's gen Gilgal gekommen, hinabzuziehen dem König entgegen, daß sie den König über den Jordan führten.

16 Und Simei, der Sohn Geras, der Benjaminiter, der zu Bahurim wohnte, eilte und zog mit den Männern Juda's hinab, dem König David entgegen;

17 und waren tausend Mann mit ihm von

Benjamin, dazu auch Ziba, der Diener des Hauses Sauls, mit seinen fünfzehn Söhnen und zwanzig Knechten; und sie gingen durch den Jordan vor dem König hin;

18 und die Fähre war hinübergegangen, daß sie das Gesinde des Königs hinüberführten und täten, was ihm gefiel. Simei aber, der Sohn Geras, fiel vor dem König nieder, da er über den Jordan fuhr,

19 und sprach zum König: Mein Herr, rechne mir nicht zu die Missetat und gedenke nicht, daß dein Knecht dich beleidigte des Tages, da mein Herr, der König, aus Jerusalem ging, und der König nehme es nicht zu Herzen.

20 Denn dein Knecht erkennt, daß ich gesündigt habe. Und siehe, ich bin heute zuerst gekommen unter dem ganzen Hause Joseph, daß ich meinen Herrn, dem König, entgegen herabzöge.

21 Aber Abisai, der Zeruja Sohn, antwortete und sprach: Und Simei sollte darum nicht sterben, so er doch dem Gesalbten des HERRN geflucht hat?

22 David aber sprach: Was habe ich mit euch zu schaffen, ihr Kinder der Zeruja, daß ihr mir heute wollt zum Satan werden? Sollte heute jemand sterben in Israel? Meinst du, ich wisse nicht, daß ich heute bin König geworden über Israel?

23 Und der König sprach zu Simei: Du sollst nicht sterben. Und der König schwur ihm.

24 Mephiboseth, der Sohn Sauls, kam auch herab, dem König entgegen. Und er hatte seine Füße und seinen Bart nicht gereinigt und seine Kleider nicht gewaschen von dem Tage an, da der König weggegangen war, bis an den Tag, da er mit Frieden kam.

25 Da er nun von Jerusalem kam, dem König zu begegnen, sprach der König zu ihm: Warum bist du nicht mit mir gezogen, Mephiboseth?

26 Und er sprach: Mein Herr König, mein Knecht hat mich betrogen. Denn dein Knecht gedachte, ich will einen Esel satteln und darauf reiten und zum König ziehen, denn dein Knecht ist lahm.

27 Dazu hat er deinen Knecht angegeben vor meinem Herrn, dem König. Aber mein Herr, der König, ist wie ein Engel Gottes; tue, was dir wohl gefällt.

28 Denn all meines Vaters Haus ist nichts gewesen als Leute des Todes vor meinem Herrn, dem König; so hast du deinen Knecht gesetzt unter die, so an deinem Tisch essen. Was habe ich weiter Gerechtigkeit oder weiter zu schreien zu dem König?

29 Der König sprach zu ihm: Was redest du noch weiter von deinem Dinge? Ich habe es gesagt: Du und Ziba teilt den Acker miteinander.

30 Mephiboseth sprach zum König: Er nehme ihn auch ganz dahin, nachdem mein Herr König mit Frieden heimgekommen ist.

31 Und Barsillai, der Gileaditer, kam herab von

Roglim und führte den König über den Jordan, daß er ihn über den Jordan geleitete.

32 Und Barsillai war sehr alt, wohl achtzig Jahre, der hatte den König versorgt, als er zu Mahanaim war; denn er war ein Mann von großem Vermögen.

33 Und der König sprach zu Barsillai: Du sollst mit mir hinüberziehen; ich will dich versorgen bei mir zu Jerusalem.

34 Aber Barsillai sprach zum König: was ist's noch, das ich zu leben habe, daß ich mit dem König sollte hinauf gen Jerusalem ziehen?

35 Ich bin heute achtzig Jahre alt. Wie sollte ich kennen, was gut oder böse ist, oder schmecken, was ich esse oder trinke, oder hören, was die Sänger oder Sängerinnen singen? Warum sollte dein Knecht meinen Herrn König weiter beschweren?

36 Dein Knecht soll ein wenig gehen mit dem König über den Jordan. Warum will mir der König eine solche Vergeltung tun?

37 Laß deinen Knecht umkehren, daß ich sterbe in meiner Stadt bei meines Vaters und meiner Mutter Grab. Siehe, da ist dein Knecht Chimham; den laß mit meinem Herrn König hinüberziehen, und tue ihm, was dir wohl gefällt.

38 Der König sprach: Chimham soll mit mir hinüberziehen, und ich will ihm tun, was dir wohl gefällt; auch alles, was du von mir begehrst, will ich dir tun.

39 Und da alles Volk über den Jordan war

gegangen und der König auch, küßte der König den Barsillai und segnete ihn; und er kehrte wieder an seinen Ort.

40 Und der König zog hinüber gen Gilgal, und Chimham zog mit ihm. Und alles Volk Juda hatte den König hinübergeführt; aber des Volkes Israel war nur die Hälfte da.

41 Und siehe, da kamen alle Männer Israels zum König und sprachen zu ihm: Warum haben dich unsre Brüder, die Männer Juda's, gestohlen und haben den König und sein Haus über den Jordan geführt und alle Männer Davids mit ihm?

42 Da antworteten die von Juda denen von Israel: Der König gehört uns nahe zu; was zürnt ihr darum? Meint ihr, daß wir von dem König Nahrung und Geschenke empfangen haben?

43 So antworteten dann die von Israel denen von Juda und sprachen: Wir haben zehnmal mehr beim König, dazu auch bei David, denn ihr. Warum hast du mich denn so gering geachtet? Und haben wir nicht zuerst davon geredet, uns unsern König zu holen? Aber die von Juda redeten härter denn die von Israel.

20. Kapitel

*Untergang des Aufrührers Seba.
Amasas Ermordung durch Joab. Daniels Diener.*

1 Es traf sich aber, daß daselbst ein heilloser

Mann war, der hieß Seba, ein Sohn Bichris, ein Benjaminiter; der blies die Posaune und sprach: Wir haben keinen Teil an David noch Erbe am Sohn Isais. Ein jeglicher hebe sich zu seiner Hütte, o Israel!

2 Da fiel von David jedermann in Israel, und sie folgten Seba, dem Sohn Bichris. Aber die Männer Juda's hingen an ihrem König vom Jordan an bis gen Jerusalem.

3 Da aber der König David heimkam gen Jerusalem, nahm er die zehn Kebsweiber, die er hatte zurückgelassen, das Haus zu bewahren, und tat sie in eine Verwahrung und versorgte sie; aber er ging nicht zu ihnen ein. Und sie waren also verschlossen bis an ihren Tod und lebten als Witwen.

4 Und der König sprach zu Amasa: Berufe mir alle Männer in Juda auf den dritten Tag, und du sollst auch hier stehen!

5 Und Amasa ging hin, Juda zu berufen; aber er verzog die Zeit, die er ihm bestimmt hatte.

6 Da sprach David zu Abisai: Nun wird uns Seba, der Sohn Bichris, mehr Leides tun denn Absalom. Nimm du die Knechte deines Herrn und jage ihm nach, daß er nicht etwa für sich feste Städte finde und entrinne aus unsern Augen.

7 Da zogen aus, ihm nach, die Männer Joabs, dazu die Krether und Plether und alle Starken. Sie zogen aber aus von Jerusalem, nachzujagen Seba, dem Sohn Bichris.

8 Da sie aber bei dem großen Stein waren zu Gibeon, kam Amasa vor ihnen her. Joab aber war gegürtet über seinem Kleide, das er anhatte, und hatte darüber ein Schwert gegürtet, das hing in seiner Hüfte in der Scheide; das ging gerne aus und ein.

9 Und Joab sprach zu Amasa: Friede sei mit dir, mein Bruder! Und Joab faßte mit seiner rechten Hand Amasa bei dem Bart, daß er ihn küßte.

10 Und Amasa hatte nicht acht auf das Schwert in der Hand Joabs; und er stach ihn damit in den Bauch, daß sein Eingeweide sich auf die Erde schüttete, und gab ihm keinen Stich mehr und er starb. Joab aber und sein Bruder Abisai jagten nach Seba, dem Sohn Bichris.

11 Und es trat ein Mann von den Leuten Joabs neben ihn und sprach: Wer's mit Joab hält und für David ist, der folge Joab nach!

12 Amasa aber lag im Blut gewälzt mitten auf der Straße. Da aber der Mann sah, daß alles Volk da stehenblieb, wandte er Amasa von der Straße auf den Acker und warf Kleider auf ihn, weil er sah, daß, wer an ihn kam, stehenblieb.

13 Da er nun aus der Straße getan war, folgte jedermann Joab nach, Seba, dem Sohn Bichris, nachzujagen.

14 Und er zog durch alle Stämme Israels gen Abel und Beth-Maacha und ganz Haberim; und versammelten sich und folgten ihm nach

15 und kamen und belagerten ihn zu Abel-Beth-Maacha und schütteten einen Wall gegen

die Stadt hin, daß er bis an die Vormauer langte; und alles Volk, das mit Joab war, stürmte und wollte die Mauer niederwerfen.

16 Da rief eine weise Frau aus der Stadt: Hört! hört! Sprecht zu Joab, daß er hierher komme; ich will mit ihm reden.

17 Und da er zu ihr kam, sprach die Frau: Bist du Joab? Er sprach: Ja. Sie sprach zu ihm: Höre die Rede deiner Magd. Er sprach: Ich höre.

18 Sie sprach: Vorzeiten sprach man: Wer fragen will, der frage zu Abel; und so ging's wohl aus.

19 Ich bin eine von den friedsamen und treuen Städten in Israel; und du willst die Stadt und Mutter in Israel töten? Warum willst du das Erbteil des HERRN verschlingen?

20 Joab antwortete und sprach: Das sei ferne, das sei ferne von mir, daß ich verschlingen und verderben sollte! Es steht nicht also;

21 sondern ein Mann vom Gebirge Ephraim mit Namen Seba, der Sohn Bichris, hat sich empört wider den König David. Gebt ihn allein her, so will ich von der Stadt ziehen. Die Frau aber sprach zu Joab: Siehe, sein Haupt soll zu dir über die Mauer geworfen werden.

22 Und die Frau kam hinein zu allem Volk mit ihrer Weisheit. Und sie hieben Seba, dem Sohn Bichris, den Kopf ab und warfen ihn zu Joab. Da blies er die Posaune, und sie zerstreuten sich von der Stadt, ein jeglicher in seine Hütte. Joab aber kam wieder gen Jerusalem zum König.

23 Joab aber war über das ganze Heer Israels. Benaja, der Sohn Jojadas, war über die Krether und Plether.

24 Adoram war Rentmeister. Josaphat, der Sohn Ahiluds, war Kanzler.

25 Seja war Schreiber. Zadok und Abjathar waren Priester;

26 dazu war Ira, der Jairiter, Davids Priester.

21. Kapitel

Teuerung wegen einer Blutschuld Sauls an den Gibeonitern. Rizpa, Siege über die Philister.

1 Es war auch eine Teuerung zu Davids Zeiten drei Jahre aneinander. Und David suchte das Angesicht des HERRN; und der HERR sprach: Um Sauls willen und um des Bluthauses willen, daß er die Gibeoniter getötet hat.

2 Da ließ der König die Gibeoniter rufen und sprach zu ihnen. (Die Gibeoniter aber waren nicht von den Kindern Israel, sondern übrig von den Amoritern; aber die Kinder Israel hatten ihnen geschworen, und Saul suchte sie zu schlagen in seinem Eifer für die Kinder Israel und Juda.)

3 So sprach nun David zu den Gibeonitern: Was soll ich euch tun? und womit soll ich sühnen, daß ihr das Erbteil des HERRN segnet?

4 Die Gibeoniter sprachen zu ihm: Es ist uns

nicht um Gold noch Silber zu tun an Saul und seinem Hause und steht uns nicht zu, jemand zu töten in Israel. Er sprach: Was sprecht ihr denn, daß ich euch tun soll?

5 Sie sprachen zum König: Den Mann, der uns verderbt und zunichte gemacht hat, sollen wir vertilgen, daß ihm nichts bleibe in allen Grenzen Israels.

6 Gebt uns sieben Männer aus seinem Hause, daß wir sie aufhängen dem HERRN zu Gibea Sauls, des Erwählten des HERRN. Der König sprach: Ich will sie geben.

7 Aber der König verschonte Mephiboseth, den Sohn Jonathans, des Sohnes Sauls, um des Eides willen des HERRN, der zwischen ihnen war, zwischen David und Jonathan, dem Sohn Sauls.

8 Aber die zwei Söhne Rizpas, der Tochter Ajas, die sie Saul geboren hatte, Armoni und Mephiboseth, dazu die fünf Söhne Merabs, der Tochter Sauls, die sie dem Adriel geboren hatte, dem Sohn Barsillais, des Meholathiters, nahm der König

9 und gab sie in die Hand der Gibeoniter; die hingen sie auf dem Berge vor dem HERRN. Also fielen diese sieben auf einmal und starben zur Zeit der ersten Ernte, wann die Gerstenernte angeht.

10 Da nahm Rizpa, die Tochter Ajas, einen Sack und breitete ihn auf den Fels am Anfang der Ernte, bis daß Wasser von Himmel über sie troff, und ließ des Tages die Vögel des Himmels nicht

auf ihnen ruhen noch des Nachts die Tiere des Feldes.

11 Und es ward David angesagt, was Rizpa, die Tochter Ajas, Sauls Kebsweib, getan hatte.

12 Und David ging hin und nahm die Gebeine Sauls und die Gebeine Jonathans, seines Sohnes, von den Bürgern zu Jabes in Gilead (die sie vom Platz am Tor Beth-Seans gestohlen hatten, dahin sie die Philister gehängt hatten zu der Zeit, da die Philister Saul schlugen auf dem Berge Gilboa),

13 und brachte sie von da herauf; und sie sammelten sie zuhauf mit den Gebeinen der Gehängten

14 und begruben die Gebeine Sauls und seines Sohnes Jonathan im Lande Benjamin zu Zela im Grabe seines Vaters Kis und taten alles, wie der König geboten hatte. Also ward Gott nach diesem dem Lande wieder versöhnt.

15 Es erhob sich aber wieder ein Krieg von den Philistern wider Israel; und David zog hinab und seine Knechte mit ihm und stritten wider die Philister. Und David ward müde.

16 Und Jesbi zu Nob (welcher war der Kinder Raphas einer, und das Gewicht seines Speers war dreihundert Gewicht Erzes, und er hatte neue Waffen), der gedachte David zu schlagen.

17 Aber Abisai, der Zeruja Sohn, half ihm und schlug den Philister tot. Da schwuren ihm die Männer Davids und sprachen: Du sollst nicht mehr mit uns ausziehen in den Streit, daß nicht

die Leuchte in Israel verlösche.

18 Darnach erhob sich noch ein Krieg zu Gob mit den Philistern. Da schlug Sibbechai, der Husathiter, den Saph, welcher auch der Kinder Raphas einer war.

19 Und es erhob sich noch ein Krieg zu Gob mit den Philistern. Da schlug El-Hanan, der Sohn Jaere-Orgims, ein Bethlehemiter, den Goliath, den Gathiter, welcher hatte einen Spieß, des Stange war wie ein Weberbaum.

20 Und es erhob sich noch ein Krieg zu Gath. Da war ein langer Mann, der hatte sechs Finger an seinen Händen und sechs Zehen an seinen Füßen, das ist vierundzwanzig an der Zahl; und er war auch geboren dem Rapha.

21 Und da er Israel Hohn sprach, schlug ihn Jonathan, der Sohn Simeas, des Bruders Davids.

22 Diese vier waren geboren dem Rapha zu Gath und fielen durch die Hand Davids und seiner Knechte.

22. Kapitel

*Lobgesang Davids
für die Errettung von seinen Feinden.*

1 Und David redete vor dem HERRN die Worte dieses Liedes zur Zeit, da ihn der HERR errettet hatte von der Hand aller seiner Feinde und von der Hand Sauls, und sprach:

2 Der HERR ist mein Fels und meine Burg und mein Erretter.

3 Gott ist mein Hort, auf den ich traue, mein Schild und Horn meines Heils, mein Schutz und meine Zuflucht, mein Heiland, der du mir hilfst vor dem Frevel.

4 Ich rufe an den HERRN, den Hochgelobten, so werde ich von meinen Feinden erlöst.

5 Es hatten mich umfangen die Schmerzen des Todes, und die Bäche des Verderbens erschreckten mich.

6 Der Hölle Bande umfingen mich, und des Todes Stricke überwältigten mich.

7 Da mir angst war, rief ich den HERRN an und schrie zu meinem Gott; da erhörte er meine Stimme von seinem Tempel, und mein Schreien kam vor ihn zu seinen Ohren.

8 Die Erde bebte und ward bewegt; die Grundfesten des Himmels regten sich und bebten, da er zornig war.

9 Dampf ging auf von seiner Nase und verzehrend Feuer von seinem Munde, daß es davon blitzte.

10 Er neigte den Himmel und fuhr herab, und Dunkel war unter seinen Füßen.

11 Und er fuhr auf dem Cherub und flog daher, und er schwebte auf den Fittichen des Windes.

12 Sein Gezelt um ihn her war finster und schwarze, dicke Wolken.

13 Von dem Glanz vor ihm brannte es mit Blitzen.

14 Der HERR donnerte vom Himmel, und der Höchste ließ seinen Donner aus.

15 Er schoß seine Strahlen und zerstreute sie; er ließ blitzen und erschreckte sie.

16 Da sah man das Bett der Wasser, und des Erdbodens Grund ward aufgedeckt von dem Schelten des HERRN, von dem Odem und Schnauben seiner Nase.

17 Er streckte seine Hand aus von der Höhe und holte mich und zog mich aus den großen Wassern.

18 Er errettete mich von meinen starken Feinden, von meinen Hassern, die zu mir mächtig waren,

19 die mich überwältigten zur Zeit meines Unglücks; und der HERR ward meine Zuversicht.

20 Und er führte mich aus in das Weite, er riß mich heraus; denn er hatte Lust zu mir.

21 Der HERR tut wohl an mir nach meiner Gerechtigkeit; er vergilt mir nach der Reinigkeit meiner Hände.

22 Denn ich halte die Wege des HERRN und bin nicht gottlos wider meinen Gott.

23 Denn alle seine Rechte habe ich vor Augen, und seine Gebote werfe ich nicht von mir;

24 sondern ich bin ohne Tadel vor ihm und hüte mich vor Sünden.

25 Darum vergilt mir der HERR nach meiner Gerechtigkeit, nach meiner Reinigkeit vor seinen Augen.

26 Bei den Heiligen bist du heilig, bei den

Frommen bist du fromm,

27 bei den Reinen bist du rein, und bei den Verkehrten bist du verkehrt.

28 Denn du hilfst dem elenden Volk, und mit deinen Augen erniedrigst du die Hohen.

29 Denn du, HERR, bist meine Leuchte; der HERR macht meine Finsternis licht.

30 Denn mit dir kann ich Kriegsvolk zerschlagen und mit meinem Gott über die Mauer springen.

31 Gottes Wege sind vollkommen; des HERRN Reden sind durchläutert. Er ist ein Schild allen, die ihm vertrauen.

32 Denn wo ist ein Gott außer dem HERRN, und wo ist ein Hort außer unserm Gott?

33 Gott stärkt mich mit Kraft und weist mir einen Weg ohne Tadel.

34 Er macht meine Füße gleich den Hirschen und stellt mich auf meine Höhen.

35 Er lehrt meine Hände streiten und lehrt meinen Arm den ehernen Bogen spannen.

36 Du gibst mir den Schild deines Heils; und wenn du mich demütigst, machst du mich groß.

37 Du machst unter mir Raum zu gehen, daß meine Knöchel nicht wanken.

38 Ich will meinen Feinden nachjagen und sie vertilgen und will nicht umkehren, bis ich sie umgebracht habe.

39 Ich will sie umbringen und zerschmettern; sie sollen mir nicht widerstehen und müssen unter meine Füße fallen.

40 Du kannst mich rüsten mit Stärke zum Streit; du kannst unter mich werfen, die sich wider mich setzen.

41 Du gibst mir meine Feinde in die Flucht, daß ich verstöre, die mich hassen.

42 Sie sahen sich um, aber da ist kein Helfer, nach dem HERRN; aber er antwortet ihnen nicht.

43 Ich will sie zerstoßen wie Staub auf der Erde; wie Kot auf der Gasse will ich sie verstäuben und zerstreuen.

44 Du hilfst mir von dem zänkischen Volk und behütest mich, daß ich ein Haupt sei unter den Heiden; ein Volk, das ich nicht kannte, dient mir.

45 Den Kindern der Fremde hat's wider mich gefehlt; sie gehorchen mir mit gehorsamen Ohren.

46 Die Kinder der Fremde sind verschmachtet und kommen mit Zittern aus ihren Burgen.

47 Der HERR lebt, und gelobt sei mein Hort; und Gott, der Hort meines Heils, werde erhoben,

48 der Gott, der mir Rache gibt und wirft die Völker unter mich.

49 Er hilft mir aus von meinen Feinden. Du erhöhst mich aus denen, die sich wider mich setzen; du hilfst mir von den Frevlern.

50 Darum will ich dir danken, HERR, unter den Heiden und deinem Namen lobsingen,

51 der seinem Könige großes Heil beweist und wohltut seinem Gesalbten, David und seinem Samen ewiglich.

Das 2. Buch Samuel

23. Kapitel

Davids letzte Worte; seine Helden.

1 Dies sind die letzten Worte Davids: Es sprach David der Sohn Isais, es sprach der Mann, der hoch erhoben ist, der Gesalbte des Gottes Jakobs, lieblich mit Psalmen Israels.

2 Der Geist des HERRN hat durch mich geredet, und seine Rede ist auf meiner Zunge.

3 Es hat der Gott Israels zu mir gesprochen, der Hort Israels hat geredet: Ein Gerechter herrscht unter den Menschen, er herrscht mit der Furcht Gottes

4 und ist wie das Licht des Morgens, wenn die Sonne aufgeht, am Morgen ohne Wolken, da vom Glanz nach dem Regen das Gras aus der Erde wächst.

5 Denn ist mein Haus nicht also bei Gott? Denn er hat mir einen ewigen Bund gesetzt, der in allem wohl geordnet und gehalten wird. All mein Heil und all mein Begehren, das wird er wachsen lassen.

6 Aber die heillosen Leute sind allesamt wie die ausgeworfenen Disteln, die man nicht mit Händen fassen kann;

7 sondern wer sie angreifen soll, muß Eisen und Spießstange in der Hand haben; sie werden mit Feuer verbrannt an ihrem Ort.

8 Dies sind die Namen der Helden Davids: Jasobeam, der Sohn Hachmonis, ein

Vornehmster unter den Rittern; er hob seinen Spieß auf und schlug achthundert auf einmal.

9 Nach ihm war Eleasar, der Sohn Dodos, des Sohnes Ahohis, unter den drei Helden mit David. Da sie Hohn sprachen den Philistern und daselbst versammelt waren zum Streit und die Männer Israels hinaufzogen,

10 da stand er und schlug die Philister, bis seine Hand müde am Schwert erstarrte. Und der HERR gab ein großes Heil zu der Zeit, daß das Volk umwandte ihm nach, zu rauben.

11 Nach ihm war Samma, der Sohn Ages, des Harariters. Da die Philister sich versammelten in eine Rotte, und war daselbst ein Stück Acker voll Linsen, und das Volk floh vor den Philistern,

12 da trat er mitten auf das Stück und errettete es und schlug die Philister; und Gott gab ein großes Heil.

13 Und diese drei Vornehmsten unter dreißigen kamen hinab in der Ernte zu David in die Höhle Adullam, und die Rotte der Philister lag im Grunde Rephaim.

14 David aber war dazumal an sicherem Ort; aber der Philister Volk lag zu Bethlehem.

15 Und David ward lüstern und sprach: Wer will mir Wasser zu trinken holen aus dem Brunnen zu Bethlehem unter dem Tor?

16 Da brachen die drei Helden ins Lager der Philister und schöpften Wasser aus dem Brunnen zu Bethlehem unter dem Tor und trugen's und brachten's zu David. Aber er wollte nicht trinken

sondern goß es aus dem HERRN

17 und sprach: Das lasse der HERR fern von mir sein, daß ich das tue! Ist's nicht das Blut der Männer, die ihr Leben gewagt haben und dahin gegangen sind? Und wollte es nicht trinken. Das taten die drei Helden.

18 Abisai, Joabs Bruder, der Zeruja Sohn, war auch ein Vornehmster unter den Rittern: er hob seinen Spieß auf und schlug dreihundert, und war auch berühmt unter dreien

19 und der Herrlichste unter dreien und war ihr Oberster; aber er kam nicht bis an jene drei.

20 Und Benaja, der Sohn Jojadas, des Sohnes Is-Hails, von großen Taten, von Kabzeel, der schlug zwei Helden der Moabiter und ging hinab und schlug einen Löwen im Brunnen zur Schneezeit.

21 Und schlug auch einen ägyptischen ansehnlichen Mann, der hatte einen Spieß in seiner Hand. Er aber ging zu ihm hinab mit einem Stecken und riß dem Ägypter den Spieß aus der Hand und erwürgte ihn mit seinem eigenen Spieß.

22 Das tat Benaja, der Sohn Jojadas, und war berühmt unter den drei Helden

23 und herrlicher denn die dreißig; aber er kam nicht bis an jene drei. Und David machte ihn zum heimlichen Rat.

24 Asahel, der Bruder Joabs, war unter den dreißig; Elhanan, der Sohn Dodos, zu Bethlehem;

25 Samma, der Haroditer; Elika, der Haroditer;

26 Helez, der Paltiter; Ira, der Sohn Ikkes, des Thekoiters;

27 Abieser, der Anathothiter; Mebunnai, der Husathiter;

28 Zalmon, der Ahohiter; Maherai, der Netophathiter;

29 Heleb, der Sohn Baanas, der Netophathiter; Itthai, der Sohn Ribais, von Gibea der Kinder Benjamin;

30 Benaja, der Pirathoniter; Hiddai, von Nahale-Gaas;

31 Abi-Albon, der Arbathiter; Asmaveth, der Barhumiter;

32 Eljahba, der Saalboniter; die Kinder Jasen und Jonathan;

33 Samma, der Harariter; Ahiam, der Sohn Sarars, der Harariter;

34 Eliphelet, der Sohn Ahasbais, des Maachathiters; Eliam, der Sohn Ahithophels, des Gileoniters;

35 Hezrai, der Karmeliter; Paerai, der Arbiter;

36 Jigeal, der Sohn Nathans, von Zoba; Bani, der Gaditer;

37 Zelek, der Ammoniter; Naharai, der Beerothiter, der Waffenträger Joabs, des Sohnes der Zeruja;

38 Ira, der Jethriter; Gareb, der Jethriter;

39 Uria, der Hethiter. Das sind allesamt siebenunddreißig.

24. Kapitel

*Davids Volkszählung wird mit Pestilenz gestraft.
Opfer auf der Tenne Aravnas.*

1 Und der Zorn des HERRN ergrimmte abermals wider Israel und er reizte David wider sie, daß er sprach: Gehe hin, zähle Israel und Juda!

2 Und der König sprach zu Joab, seinem Feldhauptmann: Gehe umher in allen Stämmen Israels von Dan an bis gen Beer-Seba und zähle das Volk, daß ich wisse, wieviel sein ist!

3 Joab sprach zu dem König: Der HERR, dein Gott, tue diesem Volk, wie es jetzt ist, noch hundertmal soviel, daß mein Herr, der König, seiner Augen Lust daran sehe; aber was hat mein Herr König zu dieser Sache Lust?

4 Aber des Königs Wort stand fest wider Joab und die Hauptleute des Heeres. Also zog Joab aus und die Hauptleute des Heeres von dem König, daß sie das Volk Israel zählten.

5 Und sie gingen über den Jordan und lagerten sich zu Aroer, zur Rechten der Stadt, die am Bach Gad liegt, und gen Jaser hin,

6 und kamen gen Gilead und ins Niederland Hodsi, und kamen gen Dan-Jaan und um Sidon her,

7 und kamen zu der festen Stadt Tyrus und allen Städten der Heviter und Kanaaniter, und kamen hinaus an den Mittag Juda's gen Beer-

Seba,

8 und durchzogen das ganze Land und kamen nach neun Monaten und zwanzig Tagen gen Jerusalem.

9 Und Joab gab dem König die Summe des Volks, das gezählt war. Und es waren in Israel achthundertmal tausend starke Männer, die das Schwert auszogen, und in Juda fünfhundertmal tausend Mann.

10 Und das Herz schlug David, nachdem das Volk gezählt war. Und David sprach zum HERRN: Ich habe schwer gesündigt, daß ich das getan habe; und nun, HERR, nimm weg die Missetat deines Knechtes; denn ich habe sehr töricht getan.

11 Und da David des Morgens aufstand, kam des HERRN Wort zu Gad, dem Propheten, Davids Seher, und sprach:

12 Gehe hin und rede mit David: So spricht der HERR: Dreierlei bringe ich zu dir; erwähle dir deren eins, daß ich es dir tue.

13 Gad kam zu David und sagte es ihm an und sprach zu ihm: Willst du, daß sieben Jahre Teuerung in dein Land kommen? oder daß du drei Monate vor deinen Widersachern fliehen müssest und sie dich verfolgen? oder drei Tage Pestilenz in deinem Lande sei? So merke nun und siehe, was ich wieder sagen soll dem, der mich gesandt hat.

14 David sprach zu Gad: Es ist mir sehr angst; aber laß uns in die Hand des HERRN fallen, denn

seine Barmherzigkeit ist groß; ich will nicht in der Menschen Hand fallen.

15 Also ließ der HERR Pestilenz in Israel kommen von Morgen an bis zur bestimmten Zeit, daß des Volks starb von Dan an bis gen Beer-Seba siebzigtausend Mann.

16 Und da der Engel seine Hand ausstreckte über Jerusalem, daß er es verderbte, reute den HERRN das Übel, und er sprach zum Engel, zu dem Verderber im Volk: Es ist genug; laß deine Hand ab! Der Engel aber des HERRN war bei der Tenne Aravnas, des Jebusiters.

17 Da aber David den Engel sah, der das Volk schlug, sprach er zum HERRN: Siehe, ich habe gesündigt, ich habe die Missetat getan; was haben diese Schafe getan? Laß deine Hand wider mich und meines Vaters Haus sein!

18 Und Gad kam zu David zur selben Zeit und sprach zu ihm: Gehe hinauf und richte dem HERRN einen Altar auf in der Tenne Aravnas, des Jebusiters!

19 Also ging David hinauf, wie Gad ihm gesagt und der HERR ihm geboten hatte.

20 Und da Aravna sich wandte, sah er den König mit seinen Knechten zu ihm herüberkommen und fiel nieder auf sein Angesicht zur Erde

21 und sprach: Warum kommt mein Herr, der König, zu seinem Knecht? David sprach: Zu kaufen von dir die Tenne und zu bauen dem HERRN einen Altar, daß die Plage vom Volk

aufhöre.

22 Aber Aravna sprach zu David: Mein Herr, der König, nehme und opfere, wie es ihm gefällt: siehe, da ist ein Rind zum Brandopfer und Schleifen und Geschirr vom Ochsen zu Holz.

23 Das alles gab Aravna, der König, dem König. Und Aravna sprach zum König: Der HERR, dein Gott, lasse dich ihm angenehm sein.

24 Aber der König sprach zu Aravna: Nicht also, sondern ich will dir's abkaufen um seinen Preis; denn ich will dem HERRN, meinem Gott, nicht Brandopfer tun, das ich umsonst habe. Also kaufte David die Tenne und das Rind um fünfzig Silberlinge

25 und baute daselbst dem HERRN einen Altar und opferte Brandopfer und Dankopfer. Und der HERR ward dem Land versöhnt, und die Plage hörte auf von dem Volk Israel.

Anhang und Register

(1) Menge Bibel
(2) Luther Bibel 2017
(3) Menge Bibel